세속성자

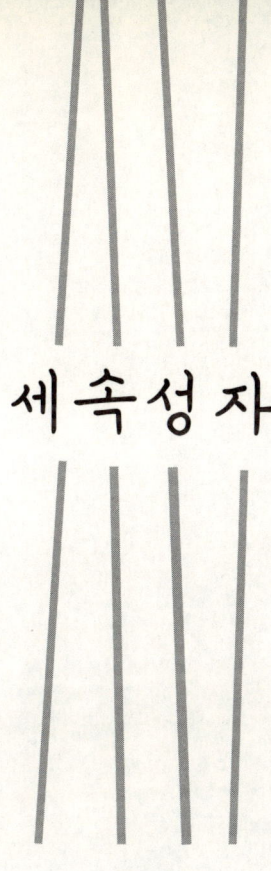

세속성자

양희송 지음

성문 밖으로 나아간 그리스도인들
A Secular Saint

일러두기

1. 본문 중 성경 인용은 새번역 성경에 따랐다.
2. 주요 인명이나 책명 등의 원어는 가급적 본문에서 맨 처음 나오는 곳에만 병기했다.

차례

들어가는 말 007

1부 세속성자_A Secular Saint

01 성자의 행진—왜 세속성자인가? 017

02 성스러움의 역설—성수의 부패냐, 파리의 성화냐? 041

03 세속성의 두 기원—'가나안 정복' 패러다임에서 벗어나라 061

04 라이프스타일—영원이 아니라 찰나를 붙잡으라 085

2부 불가능한 것들_The Impossible

05 믿음—나는 믿지 못합니다 109

06 기도—마땅히 빌 바를 알지 못하나 125

07 예배—여기도 아니고 저기도 아니라면 141

08 전도—문밖에 서서 두드리노니 155

3부 남겨진 것들_The Remains of the Day

09 '천당' 말고 '하나님 나라' 171

10 교회는 어디에 있는가? 187

11 일과 쉼이 있는 영성 203

12 절박한 가치, 공공선 221

후기 245

들어가는 말

"그날 인류는 떠올렸다. 새장 속에 갇혀 있던 굴욕을…" 2013년 한국에서 대히트를 쳤던 일본 애니메이션 「진격의 거인」은 이 의미심장한 내레이션과 더불어 시작합니다. 이 작품은 식인 거인들의 공격을 피해 인류가 월 마리아, 월 로제, 월 시나로 불리는 3중의 방벽을 쌓고 살아가는 시대를 배경으로 하고 있습니다. 이 작품의 첫 장면은 월 마리아의 50m짜리 거대한 방벽 위로 초대형 거인이 솟아올라 그 벽을 깨뜨려버리면서 대혼란에 휩싸이는 사건으로 시작합니다. 무너진 벽 틈새로 거인들이 쏟아져 들어와 사람들을 찢고, 밟고, 아무렇지 않게 살육하는 장면은 그야말로 충격입니다. 주인공 에렌은 이 사건으로 어머니를 잃고, 사람들은 이 절체절명의 위기를 피하기 위해서 앞다투어 두번째 성벽 안쪽으로 들어가려고 아우성을 칩니다. 이것 외에 무슨 다른 길이 있겠습니까? 그런데 흥미롭게도 주인공은 독특한 발상을 합니다. 모두가 두번째 성벽, 혹은 그것이 실패하면 세번째 성벽 안으로 피신함으로써 생존을 도모하고자 할 때, 그는 인류가 살 길은 거인들이 돌아다니는 저 성벽 바깥에 있을지 모른다며 그곳을 조사하는 부대에 자원합니다. 이 애니메이션은 성벽 바깥에 존재하는 잊혀진 역사를 장대하게 풀어나가며 시리즈를 이어갑니다.

「진격의 거인」은 한국 개신교가 처한 상황을 너무나 실감나게 보여주는 하나의 우화로 보입니다. 성벽 바깥 '세상'에는 우리를 공격하는 식인 거인들이 살고 있습니다. 그 거인들의 이름은 사탄에 사로잡힌 '대중문화'나, 인류를 파괴하는 '동성애', 혹은 종교를 멸절시키는 '좌파'일 것입니다. 우리는 그들과 싸워서 결코 이길 수가 없으므로 성벽 안쪽에 머무는 것이 최선입니다. 그런데 어느날 상상을 초월하는 초대형 거인이 나타난 거지요. 그 앞에 우리의 성벽은 무용지물이 되었습니다. 유일한 대안은 더 안쪽의 성벽으로 도망가는 것입니다. 더 높은 성벽, 더 헌신된 훈련과정, 더 굳센 정통의 신학이 제2, 제3의 장벽 안에는 있을 것이므로, 그리로 피하면 살아남을 수 있을 것만 같습니다. 오늘날 개신교의 상황판단이 대략 이렇지 않습니까?

저는 이 책에서 기독교적 대안을 찾는 이들은 더 안쪽의 성벽으로 퇴각하는 것이 아니라 과감하게 성 바깥으로 나아가야 한다는 엉뚱한 제안을 하려고 합니다. 현실세계에 성벽을 쌓아 안팎을 성과 속으로 구분하고, 이를 분할통치하는 것으로는 이런 문제를 결코 풀 수 없을 것이며, 그리고 원래 기독교는 그런 것을 대안으로 여기지도 않았다는 이야기를 하려고 합니다. 성벽 안쪽은 신앙이고, 성벽 바깥은 불신이 아니라는 이야기입니다. 거꾸로 저는 성벽 내의 불신 혹은 맹신을 드러내고, 성벽 바깥에서 성심으로 신앙하는 삶을 그려보고자 합니다. 그리고 이런 신앙인을 '세속성자' a secular saint 라는 개념으로 부르자고 제안합니다. '새장 속'에 갇혀 있는 삶을 '굴욕'이라고 느끼는 이들을 불러내고자 합니다.

이 책에는 2013년 1월 '주일에 교회에 가지 않는 "가나안 성도"를 위한 수요예배'가 필요하다고 생각하고 시작한 '세속성자 수요모임'이 지난 5년간 고민했던 주제가 담겨 있습니다(자세한 정보는 웹사이트 http://iChungeoram.com 참고). 우리는 매년 상하반기 12주씩 수요예배로 모였습니다. 언뜻 매우 실험적인 모임처럼 보이기도 했겠으나, 대부분 모임은 찬양-설교-기도로 이어진 느슨한 시간이었습니다. 설교는 성경의 한 책을 선정해서 한 장씩

'강해설교'를 해나가는 방식으로 진행되었는데, 그렇게 들여다본 책들이 다니엘서, 갈라디아서, 누가복음, 잠언-전도서, 요한복음, 히브리서, 아모스서에 이릅니다. 2016년 가을에는 지난 시간을 되짚어보며 '세속성자를 위한 12개의 질문'을 주제로 그간 우리가 화두로 삼았던 질문 12개를 하나씩 짚어보았습니다. 이 책은 그 모임의 직접적 결과물입니다.

'세속성자' 이야기는 교회 울타리 바깥에서 신앙생활을 하는 '가나안 성도'가 던진 질문에 대한 답이라고 볼 수 있겠습니다 (『가나안 성도, 교회 밖 신앙』, 포이에마 2014 참고). 최근 몇년간 주목받았던 '가나안 성도' 논의는 그들은 왜 교회를 떠났는가, 교회를 떠나서 신앙생활이 가능한가, 교회는 대체 무엇인가 등 교회론적 질문에 집중되었습니다. 그러나 그런 질문에 답해나가다보면 기독교 신앙 전반을 재검토해보는 과정을 필히 거치게 됩니다. 익숙한 모범답안이 더이상 통하지 않는 상황에서는 질문이 많아질 수밖에 없습니다. '가나안 성도'가 한국 교회의 교회이탈 현상을 묘사하는 데 중점을 둔 개념이라면, '세속성자'는 가나안 성도가 촉발한 질문에 공감하는 이들이 결국 찾아나서게 될 신앙적 지향은 무엇인지 대답하려는 노력입니다. 이 논의를 통해서 우리 시대의 기독교 신앙이 어떤 변화를 겪고 있는지, 새로운 질문은 무엇이며, 새로운 대답은 무엇인지 만날 수 있기를 기대합니다.

처음에는 매주 전했던 설교를 잘 정리해서 묶어내자는 소박한 수준이었습니다. 그러나 원고를 정리하다보니 그것으로는 취지의 전달이 쉽지 않겠다는 판단이 들어서 원래 원고를 들고 여러 날 고심을 했습니다. 결국 상당량을 다시, 혹은 새로 썼고, 순서도 흔들어서 재구성했습니다. 책 쓸 때마다 그러했듯이 이번에도 일생일대의 역작을 쓰자는 야망은 일찌감치 포기했습니다. 한두 마디 문장을 쓰다가 이와 관련해서 떠오르는 이런저런 학술적 논의와 신학적 함의를 일일이 다 추적해서 전말을 덧붙이는 것도 포기했습니다. 그랬더라면 논문이 여럿 나와야 했을는지 모르나, 그건 학자들과 연구자들의 몫으로 남겨드립니다. 이 책의 주장이 기존의 통념이나 교회의 목회적 형편과 어긋난다는 항변도 개의치 않기로 했습니다. 저희가 제기하고 싶었던 문제의식과 통찰만 잘 표현된다면 족하겠습니다. 배움이 깊고, 고민이 넓었던 분들에게는 더 파고들어볼 논점이 많이 눈에 띌 것입니다. 그것은 이 책 이후의 토론 과제로 돌려놓습니다. 일단은 지난 5년간 세속성자란 이름으로 모임을 해온 이들이 잠시 멈추어 서서 되새겨본 중간점검 기록으로 여겨주시면 감사하겠습니다.

이 책의 핵심 키워드 '세속성자'는 모순형용입니다. '성자' ^{saint}란 글자 그대로 '거룩한 사람'을 뜻하는데, 당연히 '세속'

secular의 정반대에 있는 존재입니다. 세속을 거부하고 떠난 덕분에 거룩함을 취할 수 있었던 이들을 우리는 성자라고 부릅니다. 우리는 기독교 신앙이란 마땅히 세속적 가치를 거부하고 거룩의 영역으로 옮겨가는 삶을 지향해야 한다고 배워왔습니다. 그렇다면 '세속성자' 운운하는 것은 괜히 잘난 체해보려는 말장난에 불과할 수 있습니다. 그런데 이 책은 감히 그 모순형용을 잘 붙잡는 데에 기독교 신앙의 본령이 있다고 힘주어 말합니다. 우리의 통념과 경험에 충실하게 부합하는 이야기들이 사실은 여러 가지 오해와 왜곡에 기반했을 수 있고, 기독교 신앙은 오히려 역설적 긴장 앞에 설 때라야 진정한 면모가 드러난다는 점을 강조하고자 합니다. 이 긴장점을 쉽게 포기하는 순간, 기독교 신앙은 기독교 아닌 것이 될 가능성이 큽니다. 기독교 신앙이 지당한 말씀의 지루한 목록으로 대치되거나, 선한 얼굴로 성실하게 불법을 자행하도록 부추기거나, 품위있는 단어와 점잖은 문장으로 아무말 대잔치를 벌일 수 있는 이유입니다. 그런 허무한 꼴을 당하지 않기 위해서 반드시 천착해야 할 기독교 신앙의 역설적 특성을 찾아보고자 했습니다.

  이 책의 구성상 각 질문에 포괄적이고 체계적인 답을 주지는 못합니다. 주석을 따로 붙이지도 않았고, 학술적 인용을 세밀히 하지도 못했습니다. 다만 사람들이 던지는 속 깊은 고민을 최대한 헤아려 그 갈증을 조금이나마 공론의 장으로 끌어내보려고 노력했습니다. 제1부는 '세속성자'란 명칭과 그 의미를 여러 갈래로 곱씹어보았습니다. 우리는 지금 '거룩'과 '세속'의 맥락이 완전히 전도된 시대를 살고 있습니다. 그냥 하던 대로 이원론적으로 대응해서는 심각한 문제가 생길 수밖에 없습니다. 기독교 신앙에서 거룩과 세속이 어떻게 이해되었는지, 현대 사회에서 세속성이 어떻게 바뀌고 있는지를 찬찬히 살피자는 제안을 던집니다. 제2부는 세속성자의 신앙생활을 다루었습니다. 세속성자로 살 때 믿음, 기도, 예배, 전도가 어떻게 달리 다가올 것인지를 물어보았습니다. 우리는 그간 이런 신앙 행위를 그 내용과 방향은 이미 다 정해져 있고, 우리는 다만 열정과 성실함을 발휘하면 되는 문제로 여겨왔습니다. 그러나 곰곰이 따지고 들어가보면 신앙의 핵심적 실천들은 애초에 불가능한 범주들입니다. 신앙생활은 가능한 것을 열심히 하는 것이 아니고, 불가능한 것을 시도하는 문제입니다. 몇가지 신앙행위를 자주, 많이, 크게, 세게 하는 문제로 기독교 신앙을 환원시키고, 교회에서 이런 시스템을 성찰 없이 기계적으로 돌려서는 곤란합니다. 이 문제를 전면적으로 재검토하지 않으면 신앙이 무엇인지 사유하는 것조차 불가능합니다.

제3부는 세속성자 논의를 통과하면서 하나님 나라, 교회, 영성, 공공선 등이 어떻게 재정렬되는지를 살펴봅니다. 신학계에서는 제각각 별개로 다루고, 교회 내에서는 잘 언급하지 않는 주

제들을 전면에 꺼내보았습니다. '하나님 나라'를 '저세상'the other world이 아니라 이 시대의 '새 하늘 새 땅'으로 만나려면 어떻게 해야 하는가를 진지하게 묻는 기회가 되었으면 좋겠습니다. 이런 광대한 스케일의 기독교적 논의가 단지 '교회를 키우자'는 단선적 결론으로 앙상하게 쪼그라드는 것을 볼 때마다 이루 말할 수 없는 자괴감을 느낍니다. 기독교 신앙의 높이와 깊이와 넓이를 충분히 음미하고, 새로운 관점으로 신앙과 삶을 보았으면 좋겠습니다.

이 책이 나오는 데 가장 큰 역할을 한 분들은 만 5년을 넘기고 있는 '세속성자 수요모임'의 구성원들입니다. 처음부터 지금까지 함께하는 이들도 있고, 한 가족 전체가 꾸준히 오시는 경우도 있습니다. 청년에서 중장년까지 고르게 오시고, 팟캐스트로 꾸준히 설교를 들어온 분들도 국내외에 적지 않습니다. 이분들의 얼굴을 늘 떠올리며 '세속성자'란 개념을 다듬어왔습니다. 이 책은 함께해주신 모든 분들 덕분입니다. 감사의 마음을 전합니다. 이제 이 책을 새로운 세상으로 떠나보냅니다. '세속성자'가 득한 세상을 꿈꾸어봅니다.

2018년 9월
신촌 청어람에서 양희송

1부

세속성자

A Secular Saint

1. 성자의 행진
- 왜 세속성자인가?

> 모든 성도가 여러분에게 문안합니다.
> All the saints send their greetings.
>
> —고린도후서 13:12

성도 saints 는 누구인가?

'세속성자' a secular saint 라니, 여전히 입에 잘 붙지 않는 표현입니다. 이 책을 다 읽은 뒤에도 표현이 여전히 어색할지 모르겠습니다만, 그 내용과 의미만큼은 잘 새겨지면 좋겠습니다. 이 말은 '세상 속을 살아가는 그리스도인' A Christian in the world 을 뜻하는 또 다른 표현입니다. 기존에 쓰던 표현이 있는데 왜 굳이 새로운 명칭인가 묻는다면, 어떤 특정한 의미를 부각해서 드러낼 필요가 있기 때문이라고 답하겠습니다. 오늘날 우리가 만나는 상황 속에서 신앙의 어떤 측면은 오해되고, 어떤 측면은 정반대 의미로 왜곡되기도 합니다. 특별히 신앙이 세상 속에서$^{\text{in the world}}$ 수행된다는 것이 무슨 뜻인지 잘 새겨보지 못하는 것 같습니다. 그러므로 펼쳐질 이야기는 우리가 이미 오랫동안 들어온 이야기를 재검토하고 재구성하는 작업이기에 대부분의 내용은 익숙할 것입니다. 하지만 그런 이야기에서 전혀 뜻밖의 결론이 나올 수도 있습니다. 잘 안다고 생각하는 이야기가 우리를 전혀 다른 방향으로 인도한다면 낯설기도 하고, 불안할 수도 있겠지요. 그러나 지금 우리는 그런 신앙의 도약을 요청받고 있습니다. 함께 여행을 시작해보시지요.

우선 '세속성자'에서 '성자'$^{聖者, \text{a saint}}$입니다. 이는 우리말 성경에서 '거룩한 무리,' 즉 '성도'$^{聖徒, \text{saints}}$라는 단어의 단수형입니다. 그러므로 '성도'가 곧 '성자'입니다. 단수와 복수란 차이 외에는 없습니다. 단수형으로 쓰는 이유를 살펴보기 전에 먼저 성경에서 '성도'를 어떤 방식으로 사용하는지를 알아봅시다.

첫째, '성도'는 하나님 백성 자체를 의미하는 표현입니다. 이는 신구약 고르게 나타나는 용법입니다. 성도는 '이스라엘'과 동일시되고, '가장 높으신 분'의 백성이기도 합니다. 하나님이 부르신 백성이 곧 성도입니다.

주님의 모든 성도들과,

주님을 가까이 모시는 백성들과, 이스라엘 백성

all his saints,

of Israel, the people close to his heart (시편 148:14)

가장 높으신 분의 거룩한 백성

the saints, the people of the Most High (다니엘 7:27)

나는 로마에 있는 모든 신도에게 이 편지를 씁니다. 하나님께서 여러분을 사랑하셔서, 그의 거룩한 백성으로 부르셨습니다.

To all in Rome who are loved by God

and called to be saints. (로마서 1:7)

고린도에 있는 하나님의 교회에 이 편지를 씁니다. 그리스도 예수 안에서 거룩하여지고 성도로 부르심을 받은 여러분에게 문안드립니다. 또 각처에서 우리 주 예수 그리스도의 이름을 부르는 모든 이들에게도 아울러 문안드립니다.

To the church of God in Corinth, to those sanctified in Christ Jesus and called to be holy, together with all those everywhere who call on the name of our Lord Jesus Christ, their Lord and ours. (고린도전서 1:2)

하나님의 백성을 뜻하는 여러 표현이 있지만, '성도'는 그 핵심적 특성을 '거룩함'으로 간주합니다. 이런 명칭이 성경에서 일관되게 사용되는 것을 보면 오늘 우리도 '거룩함을 정체성으로 하는 무리'의 의미를 제대로 이해해야 하는 과제에서 자유로울 수 없습니다.

둘째, '성도'는 하나님에게 신실하다는 특징을 갖습니다. '에베소에 있는 성도들과 그리스도 예수 안에 있는 신실한 자들'To the saints in Ephesus, the faithful in Christ Jesus(에베소서 1:1)에 그러한 특징이 잘 드러납니다. 그런데 이런 신실함은 특별히 고난과 시험의 시대에 더욱 강하게 요청되는 덕목입니다.

> 하나님의 계명과 예수를 믿는 믿음을 지키는 성도들에게는 인내가 필요하다.
> This calls for patient endurance on the part of the saints who obey God's commandments and remain faithful to Jesus. (요한계시록 14:12)

> 그러나 가장 높으신 분의 성도들이 나라를 얻을 것이며, 영원히 영원히 영원히 그것을 누릴 것이다.
> But the saints of the Most High will receive the kingdom and will possess it forever, yes, for ever and ever. (다니엘 7:18)

나라와 권세와 온 천하 열국의 위력이 가장 높으신 분의 거룩한 백성에게로 돌아갈 것이다. 그의 나라는 영원한 나라다. 권세를 가진 모든 통치자가 그를 섬기며 복종할 것이다.

Then the sovereignty, power and greatness of the kingdom under the whole heaven will be handed over to the saints, the people of the Most High. His kingdom will be an everlasting kingdom, and all rulers will worship and obey him. (다니엘 7:27)

특히 성도에 대한 고양된 언급이 다니엘서와 요한계시록 등의 묵시문학에서 두드러진 것은 성도들이 하나님의 나라를 상속받을 존재란 점과 더불어 이에 동반되는 고난과 시험이 강렬하게 대비되기 때문입니다. 성도는 하나님 나라의 존귀한 존재이기 때문에 바울의 서신에서는 여러 곳에서 각지에 흩어진 성도들을 섬기는 일을 중요하게 강조합니다. 그들을 존귀하게 대하고, 가난에 처해 있다면 도움을 주고, 고난 가운데 있을 때 기억하며 기도해야 마땅함을 빠짐없이 일깨웁니다(cf. 로마서 16:2).

적어도 성경에서 '성도'란 표현은 '하나님 나라 백성'을 지칭하는 중요한 표현이면서도 바울의 서신에서 확인할 수 있듯이 서로 안부를 묻고 소식을 전할 때나 스스럼없이 자신들과 상대를 부를 때 매우 대중적으로 사용된 호칭임을 확인할 수 있습니다. 이 표현에는 위아래의 위계가 없습니다. 오늘날 교회에서 '평신도-성직자' '집사-장로-목사' 등의 직분을 상하위계를 드러내는 수단으로 쓰는 관행을 피해보고자 여러 노력을 하는데, 저는 다른 표현보다 '성도'란 표현을 되살리는 것이 가장 좋다고 봅니다.

왜 '성자'[a saint]인가?

그런데 우리는 성경과 교회 전통에서 널리 쓰이던 '성도'라는 용어에서 한발 더 나아가 '성자'란 단수형 명칭을 선택했습니다. 이것은 '성자'라고 부름으로써 일반 '성도'와 차별화되는 특별한 개인의 존재감을 드러내려는 것이 아닙니다. 다음 장에서 더 살펴보겠지만, 우리 교회사에는 '성자숭배'[saint-worship]에 대한 경계심이 있습니다. 개인을 성스러운 존재로 숭배하거나, 의존하는 것은 예수 그리스도에 대한 신실한 신앙에 방해가 될 수 있기 때문입니다. 이는 이해할 만한 우려입니다. 이런 상황을 염두에 두면서도 '성자'란 호칭을 제안하는 것은 성자숭배의 차원이 아니라, 오늘 우리 시대에 '집단으로서의 성도'가 아닌 '개인으로서의 성자'에 주목할 중요한 이유가 있기 때문입니다.

'성도'는 복수의 개인들을 일컫는 집합명사인데, 총체적으로 '하나님의 백성'을 의미한다고 보면 되겠습니다. 그리스도인들은 언제나 성도의 일원임을 인식합니다. 즉 더 큰 몸의 한 부분이며, 나보다 더 큰 전체에 참여한다는 의식을 갖고 있습니다. 이런 인식 덕분에 인종, 언어, 국가가 다른 그리스도인들이 형제자매로 서로를 받아들이고 시공을 초월하는 거대한 '하나님 나라 백성'으로 자기 정체성을 느끼게 됩니다. 그러나 두 가지 이유에서 '성도'에 대한 이런 이해에는 변화가 필요합니다.

첫번째 이유는 피상적 교회론에서 비롯된 집단주의적 경향의 폐해를 극복하기 위해서 신앙의 개인성이 의식적으로 부각될 필요가 있기 때문입니다. '집단주의'란 개체보다는 집단을 중시하고, 개체의 가치를 집단의 일부로서만 인정하는 태도입니다. 주로 개인을 민족이나 국가 같은 집단의 일원으로서만 의미있게 여기는 인식에서 쉽게 찾아볼 수 있습니다. 플라톤도 『국가론』에서 국가를 말하면서 몸^{body}과 지체^{part}의 비유를 사용합니다. 개체는 국가의 한 부분으로 역할을 할 때 의미가 있다는 것입니다. 왕을 머리로 삼아 모든 계층이 일사불란하게 연결된 유기체 같은 체제를 이상적 국가로 여기는 것은 오래된 관행입니다. 교회론도 이와 다르지 않은 집단주의적 방식으로 이해되었습니다.

이에 대한 의미있는 반발이 개신교 종교개혁에서 일어납니다. 마르틴 루터$^{Martin\ Luther}$는 서방교회 전체의 수장 역할을 하는 교황을 상대로 자기의 신앙적 양심을 옹호했는데, 이런 선언은 그 이전에는 상상하기 힘든 역사적 전환을 함축하고 있습니다. 아무리 교회 전체의 권위로 한 사람을 압도할지언정 하나님 앞에 선 신자 개인의 양심이 더 중하다는 선언이기 때문입니다. 지상의 권위를 위로부터 내리꽂아 정당화하는 고대와 중세적 사고에서 벗어나 근대적 방식의 권위 형성, 즉 아래로부터 개인의 자발적 동의를 통해 형성된 새로운 권위의 탄생을 여기서 목격합니다. 종교개혁이 서구의 근대를 열어젖혔다는 평가가 허언이 아닌 이유입니다. 개혁자들은 기본적으로 신앙고백은 가족이든, 민족이든, 국가든 자신이 속한 집단이 대신할 수 없고 각 개인의 신앙 양심의 자유에 속한 문제라고 보았습니다.

한국 개신교 내에서도 집단주의적 교회론이 자주 발견됩니다. 현대 사회에서 '개인주의'로 인한 폐해가 많다며, 그 대안으로 '공동체'를 강조하곤 하지만, 자세히 살펴보면 중세의 집단주의와 다름없는 이야기를 용어만 '공동체'로 바꾼 경우가 적지 않습니다. 개신교 종교개혁이 기독교 신앙의 개인적 토대를 얼마나 크게 고양시켰고, 신교와 구교를 막론하고 신앙 이해를 얼마나 전폭적으로 갱신했는지 아직도 잘 모르고 하는 말 같습니다. '신 앞에 단독자' 인식을 제대로 회복해야 신앙의 자기 책임성도 발휘될 수 있습니다. 이를 너무 쉽게 권위자에 의존하거나, 제도로 대체하는 것은 옹호되기 어렵습니다. 우리는 전체로서의 '성도'를 제대로 이해하고 말하기 위해 개인으로서의 '성자'

에서 출발해야 마땅합니다.

물론 개인주의 일반에 대한 다양한 반론은 염두에 두어야겠지요. 공존과 연대에 대해 알지 못하는 극단적 개인주의는 비판받을 지점이 많습니다. 신앙의 공동체적 차원은 함부로 무시될 수 없고, 공동의례^{liturgy}가 신앙적 자아를 키워가는 데 핵심적 중요성을 갖는다는 주장, 개인성 역시 사회적으로 구성된다는 입장 등은 개인성의 일방적 옹호가 갖는 약점을 잘 지적해줍니다. 그러나 이런 지적은 '신앙의 개인성'을 충분히 강조하면서 이루어질 문제이지 과거의 집단주의를 마치 공동체의 이상향처럼 미화하기 위해 동원될 내용은 아닙니다. 신앙의 개인성을 거부하거나 부정하는 것은 공기를 부정하고, 호흡을 거부하는 것과 마찬가지입니다. 개인성이 과잉이거나 과소하다고 논하는 것과 개인성 자체를 부정하는 것은 다른 문제입니다. 그런 면에서 기독교 신앙과 공동체를 논하려면 '집단으로서 성도'보다는 '개인으로서 성자'에서 출발하는 것이 유익합니다. 그런 연후에 '성자' 개인 개인들이, 어떤 방식으로 더 큰 범주의 '성도'로 연결되고 확장되는지를 살펴보는 작업이 나와주어야 하지 않을까요?

'성도'란 개념에 변화가 필요한 두번째 이유는 '신앙의 개인성'에 대한 당위가 아니라, 현실적 문제에서 나옵니다. 불행하지만 성도를 담고 있던 기존의 그릇이 해체되기 시작하면서 공동체 울타리 바깥으로 내팽개쳐진 개인들이 등장했기 때문입니다. 교회가 '성도'를 담아내는 틀로 제 기능을 하지 못하고, 스스로 허물어짐으로써 성도들이 자의반 타의반 교회 바깥으로 밀려나는 '교회 실패' 상황이 벌어지고 있습니다.

가장 대표적인 사례가 '가나안 성도' 현상입니다. 여러 가지 이유로 제도교회 바깥에 존재하는 개신교인이 한국에서만 전체 개신교인 중 10~20%, 즉 100만에서 200만 명가량으로 추산되고 있습니다. 왜 그럴까요? 정재영 교수의 『교회 안 나가는 그리스도인』(IVP 2015)에 따르면 크게 두 가지 이유가 있다고 합니다. 하나는 '교회 내 관계의 갈등' 때문입니다. 목회자와의 갈등, 다른 교인들과의 갈등입니다. 여기에는 우리가 상상할 수 있는, 혹은 상상을 초월하는 교회 분쟁의 온갖 사례들이 다 포함됩니다. 교회 안에 남아 있으리라고는 믿기 어려운 분열과 갈등 경험이 한국 개신교에서는 꽤 오랫동안 벌어지고 있습니다.

다른 하나는 '자유로운 신앙생활을 위해서'라고 합니다. 이것은 '신앙생활에 구속받기 싫다'는 입장에서부터 '교회의 가르침이나 활동 등이 신앙생활에 도움이 되기보다는 방해가 된다'는 지점까지 넓게 펼쳐집니다. 교회 출석을 사회적 사교활동으로 간주하는 이들이라면 모를까, 진지한 구도적 물음을 품은 이들일수록 교회가 신앙생활에 역행하는 현실을 견디기 어려워합니다. 우리 시대의 '가나안 성도'들 중 상당수는 신앙에 대한 진지한 물음이 다름 아닌 교회에서 거절당한 경험을 갖고 있습니다. 교회가 '성도'를 담아내는 제도적 틀이 되지 못하고, 스스로 붕괴하는 일종의 재난적 상황에서 성도들에게는 자구책으로 홀로서기가 필요했던 것입니다. 우리 주변에는 스스로 성벽 바깥으로 걸어나간 사람들도 있지만, 성벽이 제풀에 무너져서 난데없이 광야로 내쫓긴 이들도 적지 않습니다.

이들에게 '다른 교회를 찾아가라'는 제안은 생각만큼 좋은 대답이 되지 못합니다. 이미 그렇게 여러 교회를 전전했던 이들의 회고와 평가는 썩 긍정적이지 않습니다. 기본적으로 교회가 이 문제들을 심각하게 성찰하지 않기 때문입니다. 이들을 좀더 나은 조건을 찾아 교회를 떠난 '이기적 신자들' 정도로 보는 한 진지한 대안은 나오지 않습니다. 이들은 어느 순간 신앙적으로 스스로 생존해야 하는 상황에 놓이면서 복수형의 '성도'가 아닌 단수형의 '성자'로 살아남는 법을 자생적으로 익혀야 했습니다. 그 과정에서 자신들이 그간 들어왔던 것과 다른 방식으로 그리스도인됨의 의미를 깨우쳐가는 중입니다. '세속성자' 논의는 바로 이런 사람들을 위한 것입니다. 그런 순례와 구도의 과정에서 생겨나는 질문은 무엇이며, 그에 대한 대답은 어떠해야 하는지를 되새겨보자는 것입니다.

성자들이 온다

제가 무언가 새로운 조짐이라고 느꼈던 현상은 꽤 오래전부터 있었습니다. 우선 서구에서 자의로 교회 밖으로 나오거나 타의로 교회 바깥으로 내쳐진 이들^{outcasts}이 스스로 자기 신앙을 찾아가는 현상을 직간접적으로 접할 수 있었습니다. 영국에서는 1995년 어간부터 '탈/후기 복음주의자'$^{post-evangelicals}$들이 등장하고 있었고, 미국에서는 유사한 관심사를 지닌 이들이 2000년대 초반부터 '이머징 교회운동'$^{emerging\ churches\ movement}$이라는 이름을 쓰고 있었습니다. 얼핏 보면 기존 교회 내에서 단지 문화적 표현을 새롭게 해보려는 실험처럼 보이지만, 자세히 살펴보면 그 수준을 넘어서는 시도들이 곳곳에 있었습니다. 이들은 교회의 존재양식에 대한 반성에서 출발해서 예배의 형태, 신학적 언어, 문화적 표현 모두가 갱신되어야 한다고 보았습니다. 외부에서는 때마침 리처드 도킨스$^{Richard\ Dawkins}$의 『만들어진 신』$^{God\ Delusion}$을 위시해서 소위 신무신론자$^{new\ atheists}$들이 대거 등장해 공론장에서 거세게 기독교를 비판하던 무렵입니다. 미국에서는 2000년에 당선되어 연임에 성공한 조지 W. 부시 대통령의 8년 임기 동안 기독교 신앙이 우파의 권력기반을 다지는 데 이용되는 현실에 반발하는 이들도 늘어났습니다. 지성과 영성과 사회성 등 모든 영역에서 안팎으로 논쟁이 벌어졌고, 이런 과정 속에서 새로운 신앙적 지향을 갖는 이들이 서서히 나타나기 시작합니다. 최근 미국 사회에서는 '전혀 교회를 접해본 경험이 없는 자'^{Nones}도 매우 증가했고, '교회를 다닌 적이 있으나 완전히 떠난 자'^{Dones}도 늘어났다는 통계가 나옵니다. 기독교 신앙이 계속 안팎으로 존재가치를 입증하지 못한다면 유사한 상황이 한국에서 벌어지는 것은 시간문제일 것입니다.

한국 상황은 어떨까요? 저는 해외의 여러 흐름을 직간접적으로 접하고는 있었지만, 한국에서 이를 본격적으로 확인한 것은 2000년대 초반부터입니다. 대략 세 가지 양상을 주목해야 한다고 생각합니다.

첫번째는 한국 개신교의 대대적인 붕괴 현상입니다. 저는 『다시 프로테스탄트』(복있는사람 2012)에서 이런 양상의 상징적 분기점을 2007년으로 볼 수 있고, 지금 우리는 그 영향 아래 '포스트-2007 시대'를 살고 있으며 2007년에 '랜드마크^{landmark}의 붕괴'라고 명명할 만한 일이 줄줄이 일어났다고 보았습니다. 하나의 도시나 큰 건물을 바라볼 때 대표적으로 눈에 들어오는 주요한 지형지물을 중심으로 전체를 파악하듯, 한국 개신교의 주요한 랜드마크들이 2000년대 들어 줄줄이 붕괴, 와해, 자폭 등을 겪었고, 2007년에 그런 양상이 집약되었다고 본 것입니다. 이는 개신교의 대표적 지도자들이나 초대형교회들이 교회 세습을 강행하거나, 재정비리 혹은 성추문에 휩싸이거나, 정치권력에 야

합하는 언행으로 지탄을 받거나, 지속적인 교회·교단·신학교의 분쟁이 터져나오는 양상으로 나타났습니다. 교회의 목회자들만 그런 것이 아니고, 교회에 오래 몸을 담고 있던 신자들도 사회적 추문에 자주 등장했습니다. 한국 개신교가 그토록 전도와 선교를 강조하고, 제자훈련을 중시했지만 그 결과로 탄생한 인간형은 과연 바람직한 인격을 갖추고 있는가? 오히려, 권위에 순종적이고, 이익에 민감하고, 정의감은 왜소한 인간형은 아니었는가 등의 여러 자성의 목소리가 나왔습니다. 물론 한국 개신교가 쉽게 망하지는 않을 것입니다. 그러나 사회적 상징자본은 심각하게 훼손되었고, 그 내부의 제도와 구조는 정상적으로 자기갱신의 메커니즘을 작동하지 못한 지 오래되었습니다.

이런 문제는 멀리 교계인사들이나 유력한 이들에게서만 일어나는 일이 아니라, 매우 가까이에서도 벌어지곤 했습니다. 목회자의 일탈, 설교 표절, 은퇴와 청빙, 재정 투명성, 교회건축 등의 사안이 문제가 되었는데, 개신교는 이를 스스로 해결하지 못하는 매우 무기력한 모습을 보였습니다. 그리고 교계에서 유행하는 새로운 교회성장 프로그램들은 상황을 개선하는 데 뚜렷한 기여를 하지 못하는 경우가 많았습니다. 몇년 전 청어람에서 '교회론 세미나'를 열었는데, 흥미롭게도 서울 시내 유명 대형 교회 출신 성도들이 망라되어 참석하였습니다. "왜 교회론에 관심을 갖게 되었는가" 물었더니, "교회가 이렇게 운영되는 것이 옳은지 확신이 서지 않아서"라고 했습니다. 이들은 제자훈련, 가정교회, 기독교 상담, 전도훈련 등으로 유명한 자기 교회들의 운영 실태를 들려주었는데, 이런 프로그램들의 명분과 실제가 어떻게 괴리를 일으키는지 적나라하게 보여주어서 아주 흥미로웠습니다. 훈련의 내용은 성도들의 질문과 어긋나 있었고, 운영 방식은 조직체계를 강화해서 조직관리의 편의성은 증진시킬지 모르나, 성도 개인의 신앙 성장에는 그다지 큰 도움을 주지 못하는 실정이었습니다.

성도들은 한국 개신교가 기독교 신앙이 제공할 수 있는 최대치를 추구하지 않는다고 느끼고 있습니다. 이것은 단순히 개신교에서 사건 사고가 많아서 실망이란 이야기와는 좀 다른 의미입니다. 멀쩡하고, 심지어 윤리적인 교회들조차도 기독교 신앙의 전방위적 차원을 표현하고 탐색하는 일에 관심이나 의지가 없었습니다. 즉, 이런 무난한 교회들이 아무리 많아진다 해도 기독교 신앙의 넓이와 깊이가 더 심화될 수는 없다는 것을 성도들이 느끼기 시작한 것입니다. 교회에서 성실하게 10년을 보내고 20년을 보내더라도, 내 삶에 어떤 성숙과 개선이 일어날 것인가에 별다른 기대가 없는 상황인 것이지요.

제도권에서도 이런 사실을 모르지는 않는 것 같습니다만, 이들은 이런 위기 앞에 환골탈태가 아니라 외부의 위협을 과장하며 대처하고 있습니다. 로마교회는 종교개혁의 도전을 맞아 훨씬 강경하게 교황권을 옹호하며 내부의 개혁파들을 이단으로 찍어 몰아내는 반동의 시절을 지냈습니다. 20세기 초반 미국에서 개신교가 신학적 자유주의의 도전에 맞닥뜨리자 그 반작용으로 등장한 것이 근본주의fundamentalism였습니다. 한국 개신교도 안팎의 위기상황을 다룰 엄두가 나지 않자, 이단·무신론·종북·이슬람·동성애 등을 적대세력으로 지목하며 십자군 전쟁하듯 대결의식을 부추기고 있습니다. 한국 개신교는 결단코 내부의 개혁 없이는 갱신될 수 없습니다. 내부의 갱신을 회피하기 위한 핑곗거리로 외부의 위협을 사용하는 한 새로운 미래는 오지 않습니다. 성도들이 교계 내부의 담론만 따라가다가는 신앙적으로 괴멸될 수준의 위기감을 느끼고 있습니다. '이것이 제대로 예수 믿는 것인가?'란 질문에 흡족한 답을 얻지 못하고 있는 것입니다.

두번째로 주목해야 할 새로운 양상은 그런 와중에 대안모색의 노력들이 이루어지고 있다는 점입니다. 개신교 내부의 담론이 형성되는 경로가 달라지고 있습니다. 전통적으로 개신교의 신앙담론은 교단 신학교에서 제공하는 커리큘럼에 따라 길러진 목회자들에게 의존해왔습니다. 이들이 행하는 설교나 훈련 등의 공식적 교육과정을 통해서 신앙담론이 형성돼온 것입니다. 그리고 교단과 교계의 기구와 제도가 이를 대변해왔습니다. 그런데 앞서 언급한 교회 실패의 상황 속에서 성도들은 비제도적 통로를 다양하게 만들어나갔습니다. 종종 가짜뉴스의 유통 채널로 지목되는 '카톡교'는 이미 제도교회가 통제할 수 있는 수준을 넘어섰습니다. 오히려 가짜뉴스에 휘둘리지요. 이단이나 사이비종교의 활동이 과거에 비해 비약적으로 두드러지는 이유도 제도교회의 휘청거림에서 찾을 수 있습니다. 개신교의 자기갱신이 제도 안에서 이루어지지 않는다면, 제도 바깥에서라도 제대로 대안모색 작업이 이루어져야 합니다. 이는 무엇보다도 교회가 우리 시대의 희망이 아니라 문제의 한 부분일 가능성을 성찰하는 자기반성에서 시작되어야 합니다. 그리고 개인이나 소그룹 차원에서 다양한 대안이 나와주어야 합니다. 다행히 최근에는 사회적으로 상당한 진전이 보이기도 합니다. 제도교회 바깥에 존재하는 학자와 전문가, 기독시민단체 등의 지적 자원을 모으고 연결하는 작업들이 꽤 이루어지고 있습니다.

2000년대 이후 두드러진 양상은 온라인 공간의 활성화입니다. 저 자신도 2000년대 초반 싸이월드에 '복음주의 클럽'이란 커뮤니티를 개설해서 4,000여명의 회원들이 활동하는 공간을 운영해본 경험이 있습니다. 소소한 개인 신앙사부터 정치, 사회, 문화, 신학 등의 주제를 제한없이 토론할 수 있는 공간이었는데, 목회자나 신학생도 적지 않았지만 일반 영역의 대학원생, 유학생 등도 꽤 많이 참여해서 매우 활성화된 토론장을 형성했습니다. 이 공간을 통해 지금은 널리 읽히는 톰 라이트[N.T. Wright] 같은 신학자를 처음으로 소개하기도 했고, 창조와 진화 논쟁, 영미권의 신학적 동향 등을 대중들에게 소개하는 창구 역할을 하는 동시에 한국 사회의 정치적 현안들에 대해 실시간 논쟁을 벌이기도 했습니다. 교회 내에서 접하기 어려운 주제와 주장을 놓고 금기 없이 토론하는 과정에서 기독교권 내의 다양한 목소리를 들을 수 있었습니다. 『뉴스앤조이』나 『복음과상황』처럼 교계 제도권의 이해관계에 종속되지 않는 언론매체도 자리를 잡았습니다. 정보를 습득하고, 여론을 형성하는 구조가 교계 매체 일변도에서 크게 바뀌었습니다. 지금은 소셜미디어의 다양한 장을 기반으로 활동하는 그룹들이 더 많이 등장했고, 온라인 기독교 매체, 팟캐스트, 동영상 채널 등으로 활동폭이 훨씬 다변화되고 있습니다.

저는 2005년부터 청어람ARMC를 시작했습니다. 지금까지 인문, 사회, 문화예술, 신학 등의 영역을 다루는 다양한 대중강좌를 기획운영하고 있습니다. 처음에는 대부분 저희가 하는 일을 '문화선교'라고 불렀는데, 저는 우리가 시작한 일이 그것보다 더 복합적인 작업임을 직관적으로 느꼈습니다. 이것은 단순히 성도들의 인문교양 욕구를 만족시켜주자는 일은 아니었습니다. 성도들의 질문은 전후좌우로 터져나오는데 지역교회는 그 질문을 목회에 직접 도움이 되지 않는다면서 금기시하거나 억누르는 양상이었습니다. 신학교도 교단 목회자 양성이란 과제를 넘어서는 질문에는 관심이 없거나 몸을 움츠렸습니다. 대중들의 질문에 답하는 것을 소명으로 여기는 공적 신학자public theologian는 찾아보기 어려웠습니다. 청어람이나 비슷한 시기에 등장한 여러 아카데미들이 열악한 상황에도 그런 결핍된 영역을 어느 정도 메꾸어왔습니다. 자생적인 독서모임이나 공부모임들도 여기저기서 생겼고, 기독변호사, 기독교사, 기독의료인 등 몇몇 전문직종에서는 상당히 밀도있는 공부모임들이 생겨났고, 좋은 결과물을 내기도 했습니다.

이런 가시적인 단체나 모임에 참여하는 이들 바깥에 점차 증가하는 '가나안 성도'들이 대거 존재합니다. 앞으로 이들의 향배가 중요한 변수가 될 것입니다. 이들의 영적 욕구와 지적 관심사가 어떻게 발현될 것인가, 이들이 합리적이고 설득력 있다고 느끼는 기독교 담론은 누가 어떻게 제공할 것인가가 중요한 관건입니다. 앞으로 여러 층위에서 전개될 '세속성자' 논의가 이들의 자의식 형성에 중요한 기여를 할 것으로 기대해봅니다.

세번째는 그간의 해묵은 이분법들을 깨트리는 사회적 각성social awakening입니다. '복음전도'와 '사회참여', 혹은 '개인 영성'과 '사회적 실천' 등의 구분은 정교분리separation of church and state 원리를 말하는 한 방식에 불과합니다. 보수적인 신앙인들에게는 전도와 영성만이 신앙의 영역이고, 다른 것은 세속의 영역일 뿐이었습니다. 그런데, 역설적으로 2000년 이후 이 구분이 보수 신앙인들에 의해 깨졌습니다. 대표적으로, 2000년대 초반부터 한기총과 대형교회들이 나서서 주도한 '시청 앞 기도회'는 누가 보아도 노골적인 우파 정치집회였고, 2007년 대선에서 장로 대통령의 당선을 위해 뛰었던 뉴라이트 운동의 대중적 축도 개신교였음을 부인할 수 없습니다. 총선 때마다 극우적 정책을 들고 나오는 기독당 세력들, 국정교과서 논쟁과 촛불집회와 탄핵 국면을 거치면서 태극기와 더불어 성조기와 이스라엘 국기를 흔들며 가장 끝까지 극우세력의 배후 역할을 하고 있는 것도 보수 개신교 일각입니다. 저는 이들이 스스로 정교분리의 이분법을 깨트리고 나옴으로써, 보수 신앙인들에게 사회적 각성을 강제했다고 생각합니다. 보수적 개신교인들이 전부 우파가 된 것이 아니라, 오히려 극우정치세력과 동일시되기를 원치 않는 이들이 스스로 옳다고 느끼는 사회정치적 입장을 적극 표명하고 실천하도록 자극했다고 생각합니다.

짐 월리스$^{Jim\ Wallis}$가 『하나님의 정치』$^{God's\ Politics}$(청림 2008)에서 잘 지적했듯이 기독교 신앙과 사회정의가 연결되는 문제에 대해 '좌파는 무지하고, 우파는 왜곡하는' 현상을 한국에서도 확인할 수 있습니다. 정의에 대한 관심은 좌우 어느 한 진영에 결탁하거나, 그들의 특정한 집권 전략이나 정책 프로그램을 승인하는 문제가 아닙니다. 사회정의에 대한 기독교적 관심은 기본적으로 비정파적$^{non-partisan}$ 원칙에 따라 현실권력에 대해 비판적 입장에서 수행되어야 합니다. 좌파의 무지는 꾸짖어 교정하고, 우파의 왜곡은 비판하고 견제해야 합니다. 그러나 지금 교계의 행보는 이런 기대를 역행합니다. 좌우의 양극단은 사회운동과 정치의 차원에서 신앙을 더 깊이 탐색하기보다는 이미 각 진영이 정해진 의제를 집단적 이해관계에 따라 사후정당화하는 데에 기독교 신앙을 이용합니다. 이들의 오남용에 의해 어떤 이슈에서는 혐오와 선동이 영향력을 발휘하기도 했고, 어떤 경우에는 성도들이 양극단의 상호 모순되는 주장들 사이에서 방향을 잡지 못하고 흔들리기도 했습니다.

그런데, 탄핵 이후 치러진 대선 출구조사 결과를 보면, 개신교인 대중의 표심은 기존의 예측과는 달리 사회 일반의 경향과 비슷하거나 약간 진보적인 것으로 드러났습니다. 이런 변화는 그간 한국 사회를 할퀸 사회적 참사를 통과하면서 새롭게 형성된 것으로 보입니다. MB정권에서 벌어진 '용산 참사'와 박근혜 정권에서 일어난 '세월호 참사'에서 소위 교계 지도자들은 일관되게 국가권력의 편에 서서 피해자를 모욕하고 조롱하며, 사안을 축소·왜곡하는 모습을 보여주었습니다. 그러나 이때부터 거리에서 드리는 '촛불예배'가 시작됩니다. 그간 이런 활동은 교계의 진보적 그룹들이 도맡아 감당했지만, 용산참사와 특히 세월호 이후에는 이 흐름이 대중적으로 매우 넓게 확장되었습니다. 한번도 그런 자리나 모임에 가보지 않았던 신앙인들이 움직였습니다. 젊은 부부들이 아이를 데리고 나왔고, 복음주의 선교단체 간사와 학생들이 같이 자리를 지켰고, 지역교회 청년부가 단체로 참여했습니다. 작정하고 광화문 광장을 지킨 교회와 목회자와 성도들이 있었습니다. 그들은 소위 전문시위꾼도 아니었고, 진보정당의 당원이나 지지자도 아니었고, 신학적 자유주의자들도 아니었습니다. 평범한 시민이자 성도들인 그들이 우리 주변의 불의와 억울한 사연들에 반응하기 시작했습니다. 그리고 그런 경험이 이들을 크게 바꾸었습니다. 이들은 자신의 경험에 비추어 교회의 가르침과 행동을 되돌아보기 시작했습니다. 과연 교회에서 우리가 정성스레 수행하는 일들은 세상을 좀 더 나은 곳으로 바꾸는 데에 기여하는가를 진지하고 아프게 되묻기 시작했습니다. 교회는 이 세상과 한국 사회 안에서 어떤 존재로 여겨지고 있는지, 그리스도인은 과연 무엇을 해야 마땅한지 거기서 물었던 것입니다. 이들은 더이상 교계의 기관이나 권위자에게 판단을 의뢰하거나 자기 교회의 설교자에게 전적으로 의존하지 않고, 책을 찾아 읽고, 사람을 찾아가 만나고, 현장에 참여하며 자신이 납득할 수 있는 답을 찾아나서기 시작했습니다. 서구에서 '아우슈비츠 이후의 신학'을 고민했던 것처럼 최근 몇년 사이에 '세월호 이후의 신앙'을 묻는 이들이 많아졌습니다. 이들은 자신의 신앙에서는 흔들림이 없었던 것 같습니다만 당대 교회의 신앙적 대응이란 게 겨우 대참사의 피해자들에게 막말이나 해대고, 권력의 필요에 발빠르게 보조를 맞추며 아부성 발언을 남발하는 수준에 머문 채 성도들의 심각한 신앙적 물음에는 침묵과 외면으로 일관하는 것을 더이상 참아줄 이유가 없었던 것이지요. 우리가 믿는 기독교 신앙은 그것보다는 더 나은 모습으로 세상 속에 드러나야 하지 않느냐는 물음을 수십 수백번은 더 반문해왔던 것입니다.

제가 언급한 세 가지 흐름이 어우러지는 지점에서 '세속성자'의 등장을 재촉하는 요청을 찾을 수 있습니다. 기존의 제도와 내용이 와해되는 와중에 새로운 모색을 위해 여러 가지 노력을 해온 이들, 우리를 둘러싼 사회역사적 정황이 우리의 각성을 재촉하고 있을 때 거기에 반응하는 이들의 자리가 '세속성자'의 자리입니다. 그러나 이들이 자신들의 문제의식을 밀고나가려 할 때에 풀어야 할 과제들이 있습니다. 단지 사회역사적 조건을 나열하는 것만으로는 세속성자의 등장을 규명하는 충분조건이 되지 않기 때문입니다. 우리에게는 이런 양상을 설명하는 신앙적 담론이 필요합니다. 그것은 일차적으로 현실을 신학적으로 규명하는 것이어야 합니다. 그러나 동시에 전적으로 전문화된 신학의 언어와 논리에 함몰되지 않는 신앙과 삶의 지평을 보여주어야 합니다. 이제 '세속성자'란 명칭이 어떤 신앙적 함의를 갖는지 본격적으로 들여다보기로 합시다.

2. 성스러움의 역설
- 성수의 부패냐, 파리의 성화냐?

나는 너희 하나님이 되려고, 너희를 이집트 땅에서 데리고나온 주다.

내가 거룩하니, 너희도 거룩하게 되어야 한다.

—레위기 11:45

내가 거룩하니 너희도 거룩하라

역사적 기독교의 여러 갈래 중 가톨릭교회나 동방정교회 등에서는 '교회가 공식적으로 인정하는 성자들'canonized saints이 있습니다. 이들은 탁월한 신앙적 모범을 보인 이들로, 대체로 순교를 당한 경우가 많고, 지상의 성도들이 이들의 신앙적 공덕에 힘입어 기도 응답을 얻을 수 있는 존재로 여겨졌습니다. 중세에는 이런 맥락에서 성자를 숭배하거나 성자의 공덕에 의지하는 기도를 드렸는데, 종교개혁가들은 이를 미신이나 우상숭배로 여겨 비판을 가했습니다. 성공회나 루터파, 감리교 등 개신교 일각에서도 '성자'의 존재를 인정합니다. 그러나 이 교단들은 성자를 예배의 대상이나, 기도의 대상으로 인정하지는 않습니다. 다만, 본받을 만한 신앙의 선배로 기념하고 기억해야 할 존재로 삼을 따름입니다. 장로교나 침례교에선 이런 개념이나 관행을 거의 따르지 않습니다. 그러다보니 '세속성자'란 용어는 가톨릭교회 등에서 아직 공식적으로 시성^{canonization}되지 않은 '예비 성자'를 일컫는 경우나, 혹은 마하트마 간디$^{Mahatma\ Gandhi}$처럼 기독교 신앙 여부와 상관없이 사회적으로 존경할 만한 존재를 일컫는 상징적 표현 외에는 잘 쓰이지 않습니다.

청어람의 '세속성자 수요모임' 참석자들은 처음 '세속성자'란 표현을 들었을 때, 대부분 멈칫합니다. 앞서 말한 그런 중세의 '성자' 이미지가 먼저 떠올랐기 때문이겠지요. '내가 무슨 성자인가?' 싶었을 겁니다. 왠지 '세속성자'라면 영성이 충만해서 머리에 후광을 두르고 나타나야 할 것 같은데, 요즘 시대에 그런 성자 코스프레가 가당키나 한가 싶었겠지요. 그러나, 저는 두 가지 이유에서 수요모임 참석자들에게 '세속성자'란 표현을 반복해서 사용했습니다.

하나는 신약성경에서 '성자'는 '성도'의 동의어로 쓰인다는 점 때문입니다. 우리가 알고 있는 성자숭배적 뉘앙스는 후대의 교회에서 벌어진 현상이고, 신약 시대에는 그리스도인들을 그냥 '성자=성도'로 불렀습니다. 성경에서 말하는 '성도'의 의미로 '성자'란 표현을 쓰면 무방한 것이지요. 또다른 이유는 '성스러움'이란 단어가 고대-중세-근대-현대를 거치면서 그 의미값이 굉장한 변화를 겪어온 상황에서 우리 시대의 '거룩'을 다시 정립할 필요가 있기 때문입니다. '성스러움'은 그와 짝을 이루는 '성스럽지 않음'의 의미가 변동하는 것과 뗄 수 없는 관계에 있습니다. '성스럽지 않음'을 뜻하는 '세속적'이란 개념의 의미 변동을 염두에 두지 않고 시효가 지난 방식으로 세속성과 성스러움을 다루면 현실 적용에서 종종 심각한 낭패를 당하게 됩니다. 거룩을 향한 추구는 이런 물음들과 함께 가야 할 사안이기 때문입니다.

성경이 성도에게 '거룩/성스러움'을 요청한다는 사실은 명백합니다. "나는 주 너희의 하나님이다. 그러므로 너희는 몸을 구별하여 바쳐서, 거룩한 사람이 되어야 한다. 내가 거룩하니, 너희도 거룩하게 되어야 한다. 땅에 기어다니는 어떤 길짐승 때문에, 너희가 자신을 부정하게 하여서는 안 된다. 나는 너희 하나님이 되려고, 너희를 이집트 땅에서 데리고나온 주다. 내가 거룩하니, 너희도 거룩하게 되어야 한다"(레위기 11:44~45, cf.레위기 19:2, 20:26, 20:7~8)라고 되어 있는데, 이는 신약에서 "여러분을 불러주신 그 거룩하신 분을 따라 모든 행실을 거룩하게 하십시오. 성경에 기록하기를 '내가 거룩하니 너희도 거룩하여라' 하였습니다"(베드로전서 1:15~16)라고 고스란히 반복되고 있습니다. '내가 거룩하니 너희도 거룩하여라'는 하나의 정언명령입니다. 그리스도인됨에서 이 요청을 피할 길은 없습니다.

거룩은 하나님의 존재 그 자체의 특성과 연관됩니다. 하나님의 등장^{theophany}에는 언제나 거룩과 맞닥뜨리는 압도적 경험이 동반되지요. 모세는 광야에서 하나님을 만나면서 발에서 신을 벗고 그 성스러움 앞에 자세를 낮추었습니다(출애굽기 3장). 그가 시내산에서 여호와의 언약을 받아올 때 그의 얼굴은 광채로 빛이 났다고 합니다. 그런 그에게조차도 하나님의 뒷모습만 허락되었습니다(출애굽기 33:20~23). 예언자 이사야는 쇠락한 성전에 하나님의 영광이 가득 임재하는 장면을 보았습니다. 천사들이 나타나 '거룩, 거룩, 거룩'을 외치며 그 발과 얼굴을 가렸는데, 이사야는 그 앞에서 자신이 입술이 부정한 사람이라며 죽을 것 같은 감정에 압도적으로 사로잡힙니다(이사야 6장). 하나님 앞에 서면$^{coram\ deo}$, 누구나 죄의 많고 적음과 상관없이 존재 자체가 부정되고 위축됩니다. 루돌프 오토$^{Rudolf\ Otto}$가 성스러움을 '두렵고 매혹적인 신비'$^{Mysterium\ Tremendum\ et\ Fascinans}$로 파악한 것은 두고두고 새겨볼 대목입니다. 교리적 진술이나 윤리적 명령 이전에 하나님의 존재가 '거룩/성스러움'으로 인식되었다는 것이 이 논의에서 첫번째 포인트입니다.

인간의 모든 신앙적 추구는 하나님의 거룩에 이르려는 노력입니다. 그런데 이것은 가능한 목표인가요? 인간이 신적 거룩에 도달한다는 것은 무엇을 의미하나요? 거룩이란 범주가 인간에게 어떻게 허락되는 걸까요? 초인적인 수행을 하면 도달할 수 있는 경지인가요? 혹은 그 반대로 그냥 신이 자신이 원하는 대상에게 무상으로 분배하는 것인가요? 거룩에 이르는 길은 어디에 어떻게 나 있는가, 우리는 결국 그 질문에 다다릅니다.

거룩의 문제를 다루는 가장 전형적인 방식은 정결화^{purification}입니다. 부정한 것, 불결한 것, 부패한 것의 목록을 만들어 이를 끊임없이 제거해나가면 거룩함, 순결함, 온전함에 도달할 수 있을 것이라고 여기는 것입니다. 이 고전적 이해에 따른 해법이 바로 구약에 나타나는 율법의 제정 작업입니다. 무엇을 하고, 무엇을 하지 말아야 할지 정한 규칙을 지키면 거룩해진다고 보는 것입니다. 또한 그 규칙은 율법을 위반했을 때 다시 복구할 수 있는 방법도 정해줍니다. 수많은 제사법은 이런 위반사례를 처리하는 정교한 체계를 잘 담아내고 있습니다. 모세오경의 상당 부분이 정결 예법과 제사법에 할애되고 있는 것은 거룩에 대한 그들의 집요한 관심에 비추어볼 때 당연한 일입니다.

그런데 사람들에게 이런 정결 규정이 존재한다고 문제가 다 해결되지는 않습니다. 그 규정을 지킬 수 있는가, 없는가 하는 역량 혹은 의지의 문제가 뒤따르기 때문이지요. 인간의 부정과 부패는 인간의 존재적 한계와 관련되어 있기도 합니다. 거룩을 추구한다고 해서 그런 한계를 다 없애버릴 수 있다고 간주하는 것은 불가능한 기대일 겁니다. 그러기에 정화^{purification}만으로는 안 되고, 강화^{empowerment}가 필요합니다. 단지 불순물을 제거하는 방식이 아니라, 거룩의 씨앗을 심고 튼튼히 자라게 하는 과정이 꼭 필요합니다. 물론 모든 밭의 씨앗이 동일한 열매를 맺지는 않을 것이므로 탁월한 수준에 도달한 존재가 있다면 그런 이들에게서 거룩에 이르는 비결이나 도움을 구하려는 것은 당연한 귀결입니다. 이 과정에서 성자들에 대한 존경이 숭배로 이어지고, 제사와 예배를 주관하는 제사장이나 율법을 다루는 율법사 등의 종교인들이 특별한 대우를 받는 일이 벌어집니다. 일종의 신분주의나 능력주의 등이 개입할 여지가 생기는 것입니다.

그러다보면 '매개의 역설'이라고 부르는 현상이 벌어질 수 있습니다. 이것은 '매개자가 매개되는 내용보다 선행하는 현상'이라고 풀어서 설명할 수 있습니다. 신과 인간 사이를 매개하는 종교인들이 실질적으로 그 통로를 독점하고서 신에 이르는 길을 가로막거나 왜곡하는 현상이 생길 때, 거기에는 언제나 이 '매개의 역설'이 작동합니다. 구약에서 '삯군 목자'에 대한 신랄한 비판과 '거짓 예언자'에 대한 불꽃 튀는 성토가 등장하는 이유입니다. 매개자가 본질을 훼손하고 있으니 말입니다.

거룩에 대한 추구도 비슷한 경로의 왜곡을 당합니다. 거룩에 이르기 위한 수단인 제사가 그 제사를 위해 온갖 부조리를 양산해내면 본질은 변질되고 맙니다. 열심히 율법은 지키는데 세상은 하나도 거룩해지지 않는 모순적 상황이 이렇게 초래됩니다. 제의적 방법이 거룩을 담보하지 못합니다. 예언자 아모스는 "시끄러운 너의 노랫소리를 나의 앞에서 집어치워라! 너의 거문고 소리도 나는 듣지 않겠다. 너희는, 다만 공의가 물처럼 흐르게 하고, 정의가 마르지 않는 강처럼 흐르게 하여라"(아모스 5:23~24)고 외쳤습니다. 이사야도 "내가 기뻐하는 금식은, 부당한 결박을 풀어주는 것, 멍에의 줄을 끌러주는 것, 압제받는 사람을 놓아주는 것, 모든 멍에를 꺾어버리는 것, 바로 이런 것들이 아니냐?"(이사야 58:6)라고 설파했고, 사도 바울도 "겉으로는 경건하게 보이나, 경건함의 능력은 부인할 것입니다. 그대는 이런 사람들을 멀리하십시오"(디모데후서 3:5)라고 당부했습니다. 이런 위선적인 모습, 혹은 외양만 갖추고 그 의미는 내버린 이들에 대한 질타는 구약과 신약 모두의 일관된 내용입니다. 최고의 선의를 갖고 수행할지라도 제의적 방법으로는 거룩에 이를 수 없습니다. 부정한 것에서 자신을 지키고자 시행되는 정결법은 사회적으로는 부정한 대상을 설정하고 이들을 내몰아감으로써 새로운 차별과 혐오를 배양합니다. 거룩을 향한 추구는 이 딜레마를 피해가기 어렵습니다. 결국 거룩/성스러움을 향하는 모든 시도는 '매개의 역설'이란 난관에 봉착합니다. 그것에 도달하려는 온갖 노력 그 자체가 그 시도를 불발시키는 원인을 제공합니다.

이런 세속과 거룩의 역설을 잘 꿰뚫어본 이가 본회퍼$^{Dietrich\ Bonhoeffer}$였습니다. 그는 "루터가 수도원으로 들어갔을 때는 세속을 등지고 성스러움을 추구한 것이었으나, 거기에도 세속이 있음을 보았다. 루터는 수도원을 떠나 세속으로 돌아옴으로써 온 세상을 수도원으로 만들었다"고 말했지요. 세속은 등진다고 등질 수 있는 것이 아닙니다. 수도원에 들어감으로써 세속성을 배격하려고 했을지 모르나, 그것으로 세속성에서 완전히 이탈하지는 못했습니다. 대안은 역설적으로 다시 세상 속에서 찾아야 합니다. 종교개혁은 중세적 성속이원론을 꿰뚫어보고, 세상을 성과 속의 범주로 나누어서 율법의 긴 목록을 만들고 분할통치 하는 방식으로는 이 문제가 결코 풀릴 수 없음을 분명히 폭로했습니다. 오히려 세속의 장을, 일상의 세계를 신앙이 구현되어야 할 장으로 인식할 때라야 제대로 된 거룩의 추구가 가능함을 드러내 보였습니다. 신앙생활이란 종교적 공간 내부로 국한될 수 없고, 신앙생활이 곧 교회생활일 수는 없다는 것이지요.

하나님은 그의 백성들에게 '내가 거룩하니 너희도 거룩하여라'고 명하셨습니다. 그러나 그 거룩에 이르는 길은 불순물을 제거하거나 특별한 능력을 부여받는 것으로 충분히 성취되지 않습니다. 여전히 하나님의 거룩에 이르는 길은 불가능을 향한 하나의 패러독스로 존재합니다.

성자들의 행진

성경은 그리스도인의 삶에 대해 낭만적 이상론을 펼치지 않습니다. 이 문제를 심각하게 고민해본 적 없는 사람만이 거룩을 단지 노력의 문제로 간주합니다. 열심히, 많이, 자주 시도해서 해결되는 문제라면 별반 고민거리가 아닐 겁니다. 그러나 세상 속에서 거룩을 찾는 시도는 끊임없는 실패와 좌절 앞에 노출되어 있고, 이를 추구하는 노력은 부질없는 웃음거리로 전락할 위험에 상시적으로 내몰립니다. 이를 잘 포착한 흥미로운 대목이 있는데, 바로 그리스도인의 삶이 어리석음, 미련함, 약함 등을 특징으로 하며, '바보성'foolishness이란 역설과 전면적으로 연관된다는 사실입니다.

> 우리는 그리스도 때문에 어리석은 사람이 되었지만foolishness for Christ, 여러분은 그리스도 안에서 지혜 있는 사람이 되었습니다. 우리는 약하나, 여러분은 강합니다. 여러분은 영광을 누리고 있으나, 우리는 천대를 받고 있습니다. 우리는 바로 이 시각까지도 주리고, 목마르고, 헐벗고, 얻어맞고, 정처없이 떠돌아다닙니다. 우리는 우리 손으로 일을 하면서, 고된 노동을 합니다. 우리는 욕을 먹으면 도리어 축복하여주고, 박해를 받으면 참고, 비방을 받으면 좋은 말

로 응답합니다. 우리는 이 세상의 쓰레기처럼 되고, 이제까지 만물의 찌꺼기처럼 되었습니다. (고린도전서 4:10~13)

아무도 자기를 속이지 말아야 합니다. 여러분 가운데서 누구든지 이 세상에서 지혜 있는 사람이라고 스스로 생각하거든, 정말로 지혜 있는 사람이 되기 위하여 어리석은 사람이 되어야 합니다. (고린도전서 3:18)

여기에 거룩/성스러움의 패러독스가 있습니다. 3~4세기부터 속세를 떠나 사막으로 들어간 수도사들이 등장합니다. 자신의 재산을 팔아 가난한 자들에게 주고, 고독과 금욕 속에서 수도생활을 시작한 이들입니다. 그늘은 굳이 세상을 변역하려 하시 않았습니다. 다만 자기 자신을 삼가 최상의 헌신을 하나님께 드리고자 했을 따름입니다. 이들의 모범을 좇아 자신들을 얽매는 것들을 하나 하나 제거하며 수도사가 된 이들이 생겨났습니다. 직업, 가정, 명예, 재산 등을 포기하는 수도사들 가운데는 지혜로운 존재로 여겨지는 것을 포기하고 스스로 바보 취급을 당하기로 한 이들도 있었지요. 성경의 내용을 좇아 '그리스도를 위한 바보'fools for Chris가 되기로 작정한 이들입니다. 특별히 동방정교회 전통에는 이런 '바보 성자'로 알려진 이들이 꽤 많이 존재합니다.

구약에도 선행 사례가 있습니다. 이사야는 앗시리아에 사로잡혀갈 것을 내다보면서 예언할 때, 3년간 맨발에 벗은 몸으로 지냈습니다(이사야 20:2~3). 에스겔은 인분으로 불을 지펴 떡을 구워먹으라는 지시를 받기도 했고(에스겔 4:9~15), 예레미야는 이방의 압제를 상징하는 멍에를 스스로 메기도 하고, 포로귀환을 뜻하는 밭을 사기도 했지요(예레미야 27장, 32장). 호세아는 '음란하다'고 악명이 높았던 여인과 결혼합니다. 이런 해프닝 같은 행위는 한편으로는 진리를 숨기는 기능을 수행하고, 다른 한편으로는 그 행위 자체가 역설적 메시지가 되기도 하는 이중적 기능을 했습니다. "만물보다 더 거짓되고 아주 썩은 것은 사람의 마음이니, 누가 그 속을 알 수 있습니까?"(예레미야 17:9)라는 말처럼 자신을 웃음거리로 삼음으로써 자기기만에 빠지지 않기 위한 의식적 노력이었습니다.

교회사학자 야로슬로프 펠리칸$^{Jaroslav\ Pelikan}$은 『그리스도의 바보들』$^{Fools\ for\ Christ}$에서 "거룩함이란 너무나 거대하고 두려운 것이어서 보통의 정신을 가진 인간들이 직접 맞닥뜨리고 편안히 음미하는 것은 불가능하다. 오직 거룩함과 직접 대면함으로써 발생하는 결과를 개의치 않는 극소수에게만 가능한 일"이라고 말했습니다. 이렇게 되면 바보성^{foolishness}은 진리를 맞대면하기 위한 필수불가결한 덕목이 되기까지 합니다. 이런 바보됨의 특성은 무엇일까요? 그것은 무엇보다 기성질서에 구애받지 않는 자유로운 삶을 뜻합니다. 즉, 바보성은 당대의 기준을 거스르고, 무효화시킵니다. 새로운 율법적 기준을 제시하는 것이 아니라 자신을 먼저 웃음거리로 내어놓습니다. 이것은 현대 사회의 기독교에서는 거의 찾아보기 힘든 덕목입니다. 오늘날 기독교는 자신들을 심각하게 대단한 존재인 것처럼 여기고 말하다보니 정작 자신들이 내건 기준에도 현저히 못 미치는 형편입니다. 그 결과 그리스도인들은 흔히 위선적이란 평가를 받게 됩니다.

토니 캄폴로Tony Campolo는 마이클 프로스트Michael Frost가 쓴 『바보 예수』Jesus the Fool 서문에서 "슬프게도 복음주의는 교회 바깥 사람들에게 사랑이 넘치는 운동이자, 개인 차원에서는 사랑을 살아내고 사회적 차원에서는 정의를 실천하는 삶에 헌신되어 있다고 인정받기는커녕, 반-동성애, 반-생태주의, 반-여성, 친-전쟁, 권력에 굶주린 승리주의란 평판을 얻고 있다. 세속사회의 대부분 사람들은 예수에 대해서는 큰 존경심을 품고 있지만, 현대의 복음주의 기독교국가에서 드러나는 양상과 예수의 가르침 사이에는 아무런 유사점을 보지 못한다"고 썼습니다. 현대의 교회는 정확하게 기독교 신앙의 반대 사례counter example로서 작동하고 있습니다. 고대의 성자들은 스스로를 웃음거리로 낮춤으로써 진정성을 얻었다면 오늘의 교회와 기독교인들은 자신들을 지나치게 진지하게 여김으로써 결과적으로 웃음거리가 되고 있는 셈입니다.

마이클 프로스트는 일반적인 고대의 성자들과 달리 '성스러운 바보들', 혹은 '바보스런 성자들'은 세속사회에서 완전히 공개된 삶을 택했다고 강조합니다. 그들은 공공의 영역에서 두드러지게 주목받고, 교회나 수도원보다는 길거리에서 더 자주 만날 수 있는 존재였습니다. 그들이 하는 일은 종종 세속적 활동이라고 오해되었고, 주류교회에서도 비본질적 사역이라고 외면당했습니다. 그들을 경청하는 사람들은 매우 드물었습니다. 그들의 언어는 전형적인 교회의 언어들이 아니었고, 종종 수수께끼 같았지요. 이는 예수의 사역에서 가장 뚜렷한 특징이었습니다. 예수께서 비유가 아니면 가르치지 않으셨다고 한 것처럼, 들어도 듣지 못하고 보아도 보지 못하게 하기 위함이었던 것입니다.

대부분의 경우, 바보 성자들은 조롱당하고, 무시당하고, 폭행당하고, 쫓겨나곤 했습니다. 고대의 영성수련 역사 안에 '바보 성자'의 전통이 뚜렷이 존재하고 있었다는 사실은 매우 흥미롭고, 고무적입니다. 거룩을 살아내는 방법이 금욕과 금식 수도로만 아니라, 장터와 일상에서 대중들의 조롱과 무시를 일상으로 당하면서 살아내는 곳에서도 발견된다는 것은 이것이 성경과 교회사에 깊이 뿌리내린 지혜에 속한 것이란 점을 방증합니다.

바보 예수

다시 '거룩/성스러움'에 대한 요청으로 돌아가봅시다. 우리는 '하나님이 거룩하신 것같이 거룩하라'는 명령을 받았습니다. 초인적 수도를 통한 득도는 어느 정도 몸과 마음을 수련하는 효과가 있을 수는 있으나 거룩함에 이르는 궁극적인 길이 될 수는 없습니다. 왜냐하면 우리는 하나님을 맞대면해서 직접 보지 못하는 대신 그의 아들 예수 그리스도를 통해 아버지께 이른다고 했기 때문입니다. 예수의 공생애를 금욕적 수도사의 수행으로 보기는 어렵습니다. 오히려 "십자가의 말씀이 멸망할 자들에게는 어리석은 것이지만, 구원을 받는 사람인 우리에게는 하나님의 능력입니다"(고린도전서 1:18)라는 기록처럼 예수가 보여준 길은 사람들이 보기에 '어리석은' 길이었고, 당대의 기준에 비추어 전혀 거룩하지 않은 행위들이었습니다. 그것이 곧 우리를 구원으로 이끄는 길이라면 그의 길을 따르겠다는 이들이 미련한 이들로 간주되는 것은 너무나 자연스럽습니다. 자신들의 스승이 '바보 예수'라고 불린다면 그의 제자들이 '바보 성자' 소리를 듣는 건 너무나 당연한 일 아니겠습니까?

신약성경에서는 예수 그리스도를 '하나님의 거룩한 자'라고 말합니다. 그것은 어떤 거룩이었습니까? "나사렛 사람 예수님, 왜 우리를 간섭하려 하십니까? 우리를 없애려고 오셨습니까?

나는 당신이 누구인지 압니다. 하나님께서 보내신 거룩한 분입니다"(마가복음 1:24, 누가복음 4:34)라고 귀신들의 입을 빌려 바른 말을 하게 하거나, 제자들의 고백적 기도를 통하여 '주님께서 기름 부으신 거룩한 종 예수'(사도행전 4:27,30)라고 전하고 있습니다. 그런데 예수는 과연 이 땅에서 어떤 방식으로 사람들을 거룩하게 하였습니까? "그러므로 예수께서도 자기의 피로 백성을 거룩하게 하시려고 성문 밖에서 고난을 받으셨습니다."(히브리서 13:12) 히브리서는 '자기의 피로' 거룩하게 하였고, 이를 위해 '성문 밖에서 고난을 받으셨'다고 말합니다. 예수의 십자가 죽음과 그에 이르게 한 예수의 삶이 곧 그의 백성들을 거룩하게 하는 행위의 내용입니다. 그런데 그 '십자가의 길'은 기존의 '거룩/성스러움'에 대한 인식과 정면으로 배치됩니다. 유월절을 앞두고 예루살렘으로 들어갈 때, 예수는 의미심장한 일종의 희극을 연출합니다. 나귀새끼를 타고, 마치 개선장군이나 황제의 행진처럼 예루살렘에 들어온 것입니다. 사람들은 '종려나무 가지를 꺾어들고' 그의 입성을 환영함으로써 이 패러디 행진의 우스꽝스러움을 극적으로 증가시킵니다. 진지한 주제를 웃음거리로 만드는 상황, 그러나 어떤 이들은 그것을 보고 웃을 수 없었습니다. 웃음의 대상이 된 이들에게는 이것이 전혀 다른 의미의 도발로 다가왔을 테니 말입니다. 바보성에는 이 양가적 측면이 늘 공존합니다. 한없이 우습고, 부질없는 말과 행동이지만, 누군가에게는 경악스럽고, 전율할 수밖에 없는 충격적 언어이고 행동이기 때문입니다.

그가 공생애 내내 선보였던 '거룩'의 추구는 유대인들의 '거룩'에 대한 인식과 정면으로 충돌했고, 그 마지막 죽음의 형식은 율법에서 저주로 여겨지는 '나무에 달려 죽는 것'이었습니다. 거룩함의 추구라고 말하기에는 너무도 극단적인 대척점에 있는 사건이었습니다. 예수가 안식일에 병자를 고치고, 밀밭을 털며, 안식일 규정을 위반하고, 문둥병자·혈루병자와 같은 각종 부정한 병자들을 만지며, 간음한 여인과 세리와 창녀 등 율법 위반자들을 감싸고, 율법에 대한 권위있는 해석을 무너뜨리며 격론했던 일 등은 공공연히 알려진 사실입니다. 그가 추구한 거룩의 방식은 유대교의 체제 내에서 정당화되기는 어려웠습니다. 복음서의 기록만 보아도 그는 유대인들과의 대립선 상에서 상대편 진영으로 아주 깊게 들어갔고, 유대인들의 우려와 놀람에 개의치 않고 논쟁을 일삼았습니다. 그는 유대교의 가르침과 당대 유대인들의 실천 양상을 그 뿌리에서부터 깊숙이 흔들었습니다. 그 예수가 말합니다. "누구든지 나를 따라오려거든, 자기를 부인하고, 제 십자가를 지고, 나를 따라오너라."(마태복음 16:24) 예수는 율법의 규정과 목록을 따르는 삶을 의도적으로 위반했습니다. 그에게 거룩은 그런 방식으로는 얻을 수 없을 뿐 아니라 오히려 그런 방식이 거룩을 위협하고 가치없게 만드는 일이었으니까요.

그의 제자들도 예수를 따라 독특한 '거룩/성스러움'의 길을 걸었습니다. 베드로는 이방인 백부장 고넬료의 초대를 받기 전 꿈을 꾸었는데(사도행전 10장), 율법에 의해 속되고 부정하게 분류된 짐승들이 가득 담긴 보자기가 하늘에서 내려오면서 '먹어라'는 음성이 들려오는 꿈이었습니다. '나는 속되고 부정한 것은 한 번도 먹은 일이 없습니다'라고 그는 강경하게 거부했지만, 이 꿈은 세 번 반복되었습니다. 하늘에서 전해진 소리는 '하나님께서 깨끗하게 하신 것을 속되다고 하지 말라'는 것이었지요. 이 꿈은 초기 기독교가 이방인 선교를 우발적인 사건 차원에서 시작한 것이 아니라 하나님이 승인한 규범이자 방향성으로 고백하며 시작했음을 보여주는 기념비적 전환입니다. 바울은 더하지요. 예수를 율법파괴자로 여기고 예수파를 색출하러 다니던 박해자의 다메섹 회심 경험은 극적인 반전이 아니었습니까? 자신의 유대교 way of Judaism가 틀렸고, '예수의 도' way of Jesus가 옳았다는 것입니다. 그는 이후로 초기 기독교 내의 유대교 회귀본능에 끝까지 저항하며 '율법이 아니라 은혜'이고, '할례가 아니라 복음'이라고 주장했습니다. 역사적 기독교는 이런 베드로와 바울의 궤적을 따라 형성되었습니다. 그들은 단지 전해진 율법과 규정의 충실한 준수자가 되기보다는 성령의 새로운 이끌림을 따라 당대의 현실과 질문 앞에서 기독교 신앙의 근본을 놓고 씨름했습니다. 그들의 '거룩/성스러움'에 대한 추구는 당대의 확립된 인식을 정면으로 거슬렀고, 그 싸움의 결과가 우리가 알고 있는 기독교의 처음 모습을 결정했습니다.

정리하자면 '세속성자'란 성경의 가르침과 교회사의 모범을 좇아, 거룩/성스러움에 대한 추구가 단순히 성속이원론으로 가능하지 않으며, 율법의 목록과 해묵은 관행을 따르기보다 오히려 세상 속으로 좌충우돌하며 침투하고 씨름해야 할 문제라고 인식하는 이들입니다. 이들은 자신들이 예수 그리스도에 의해 '거룩해진' made holy 것처럼 자신들을 둘러싼 세상을 '거룩하게 하는' make holy 이가 되기를 원합니다. 그리고 그 과정은 결코 낭만적이거나 이상적이지 않음을 잘 이해하는 이들입니다.

성경이 가르쳐주고, 역사가 깨우쳐준 교훈도 그런 것입니다. 예수와 사도들, 성자로 존경받았던 이들은 금기시되고 낙인찍힌 타자들에게 거리낌 없이 다가갔고, 그 과정에서 자신을 위험과 조롱거리로 내어놓았습니다. 그들은 '거룩/성스러움'이 언제나 역설적으로 드러난다는 것을 알고 있었습니다. 그들은 때로는 자신들이 '세상의 더러운 것과 만물의 찌꺼기'같이 여김을 받을 때라야 그것의 진리값을 드러낼 수 있음을 잘 알고 있었습니다. 거룩함은 결코 약하지 않습니다. 그것은 끊임없이 세속으로부터 오염과 부패의 위협을 당하느라 전전긍긍하는 유약함이 아니라, 심지어 가장 부정하고 혐오스런 곳에서도 신적 가치를 꽃피워 올릴 수 있는 능력입니다. 하나님은 세상을 거룩하게 하는 분이지, 세상에 의해 오염당하는 분이 아니시기 때문입니다.

오래전 이야기를 하나 떠올려봅니다. 공산주의 혁명이 일어나기 전 러시아 정교회 사제들이 허황된 신학논쟁이나 일삼고 있었다며 종종 인용되는 이야기입니다. "성수$^{holy\ water}$에 파리가 빠지면 성수가 오염되는 것인가, 파리가 성화되는 것인가?" 성수의 유효성 자체를 인정하지 않는 사람들이 보기에는 그야말로 말장난에 불과하겠지요. 그러나 우리가 이야기하는 맥락 위에서 한번 검토해보자면 거룩함이란 부정한 것에 의해서 부패되는 것이 아니라, 부패한 것조차 거룩하게 만드는 능력이라고 보는 것이 맞겠지요. 굳이 말하자면 '성수는 파리조차도 거룩하게 한다'는 입장입니다. 자기를 삼가 거룩을 지키려는 것은 귀한 생각입니다. 그러나 우리가 배운 기독교 신앙은 우리가 노심초사하고 전전긍긍함으로써 거룩을 보호해야 하는 것이 아니라, 거룩이 우리를 보호하사 '세계 안의 거룩'$^{this\text{-}worldly\ holiness}$을 가능하게 한다는 고백입니다. 우리는 이런 의미에서 거룩을 이해하는 '세속성자'를 만나고 싶은 것입니다.

3. 세속성의 두 기원
— '가나안 정복' 패러다임에서 벗어나라

> 누구든지 그리스도 안에 있으면, 그는 새로운 피조물입니다.
> 옛것은 지나갔습니다. 보십시오, 새것이 되었습니다.
>
> —고린도후서 5:17

'세속성'이 궁금하다

앞 장에서 기독교 신앙은 '거룩을 추구하는 삶'이 맞다고 말했습니다. 그런데 그 거룩은 우리가 흔히 생각하는 방식으로 얻어지지 않는다는 사실도 강조했습니다. 단순히 성속을 나누어서 성스러움에 몰입하고, 세속성을 거부하다가는 오히려 모종의 딜레마에 봉착하게 될 것이라고 말입니다. 그러나 이런 이야기는 머리로는 이해가 될지 모르나 통념에 비추어보면 상당히 낯선 이야기가 될 수밖에 없습니다. 그 말대로라면 세속성을 강조하고 열심히 추구할수록 신앙이 증진되어야 할 텐데 경험적으로는 그렇지 않기 때문입니다. 르네상스와 종교개혁을 거쳐 계몽주의 시대를 지나면서 신앙보다 이성을 신뢰하는 세상을 '세속화'로 묘사하는 설명에 따르면, 인간 이성에 대한 신뢰가 높아질수록 기독교 신앙의 지위는 낮아졌다고 보는 것이 일반적이겠지요. 이런 상황에서 종교의 권위는 자유로운 사고와 행동의 최대 걸림돌로 여겨졌습니다. 사람들은 이성의 권능이 강화되면 종교의 허약한 기반은 점차 허물어져서 종교란 자연히 소멸되거나, 인간 삶의 지엽적 위치에 머물 것으로 예상했습니다. 이런 내용을 핵심으로 하는 '세속화 테제'secularization thesis는 사회과학뿐 아니라 인문교양 일반의 공공연한 진리였지요.

그러나 20세기 후반과 21세기에 접어들면서 세속화 테제는 광범위하게 기각되었습니다. 그 주창자 중의 하나였던 사회학자 피터 버거Peter L. Berger는 자신의 주장을 거둬들이기까지 합니다. 이는 단순히 20세기 후반에 근본주의 종교가 강력하게 대두하고 종교인구가 늘어난 때문만은 아니었습니다. 학자들은 오히려 '세속성'을 종교와 적대적 관계로 이해해온 방식 자체를 혁신해야 한다며 줄줄이 반성을 표명했습니다. 하버드의 신학자 하비 콕스Harvey Cox는 이미 오래 전에 『세속도시』Secular City에서 기독교 신앙은 고대의 세계관에 대한 '탈주술화'disenchantment를 초래함으로써 사실상 세속화의 우군 역할을 했다는 주장을 제출한 바 있습니다. 현대의 도시들은 세속성의 적극적 구현이지만, 그것은 종교성 자체에 대한 반대가 아니라 단지 다른 방식의 종교성을 드러내고 있다는 주장을 폈었지요. 즉 세속성에 종교성이 깃들어 있고, 반대로 종교성에 세속성이 깃들어 있을 가능성을 유의해야 한다는 말입니다.

세속성에 대한 가장 과감하고 방대한 연구를 이어가는 철학자 찰스 테일러Charles Taylor는 『세속시대』 *A Secular Age*에서 서구 역사에서 세속성은 시대에 따라 세 가지 서로 다른 양상으로 구분될 수 있다고 했습니다. 첫번째는 사회의 모든 것이 종교적 토대 위에 있는 전근대pre-modern 시대입니다. 여기서는 정치, 경제, 과학 등 모든 영역이 종교적 승인을 필요로 하는 시대입니다. 이 시대에 종교는 공적 영역을 전면적으로 통제하는 지배 원리였습니다. 세상의 모든 사안은 종교적 언어와 종교적 논리로 제시되어야 정당성을 인정받을 수 있었습니다. 두번째는 종교를 사적인 영역에 위치시키고 공적 영역은 비종교적 가치에 따라 운영하는 시대인데, 전형적인 근대modern의 관점입니다. 여기서는 공사public vs. private 구분이 곧 성속sacred vs. secular 구분과 동일시되기도 합니다. 정교분리, 종교의 자유 등을 미덕으로 여기고 공적 영역에 나오지 않는 한 종교를 프라이버시의 문제로 간주하였던 시대입니다. 이 시대는 이 둘을 갈라놓고 서로 다른 영역에 속한 체계란 사실을 명확히 드러내는 발언만을 유효한 것으로 간주했습니다. 세번째는 인간 삶에서 종교적 차원이나 가치를 전적으로 배제해도 전혀 불편을 느끼지 않거나 당연히 배제해야 한다고 생각하는 오늘날 탈근대 시대입니다. 지금 종교는 자신의 언어와 논리를 끊임없이 박탈당하고 있기에, 종교적 언어는 그 내용이 비어 있는 허사虛辭가 되고, 오히려 세속의 언어 속에 종교적 진실이 깃들어 있다는 논리지요. 이때 세속성은 종교성과 대립되는 것이 아니라, 단지 사고와 언어의 새로운 지배적 규범일 뿐입니다. 이런 시대에 제도종교는 소멸된 고대의 유물처럼 삶을 건드리지 못하는 빈말이 되고, 현실을 치장하는 효과만 낳습니다. 반면에 우리는 세속적 가치체계나 제도 안에서 종교성이 새로운 양상으로 구현되고 있는 역설을 봅니다. 매우 당혹스런 현상일 수 있지만, 외면할 수 없는 현실이기도 합니다.

대표적으로 오늘날의 설교를 한번 봅시다. 여전히 어떤 설교자들은 전근대적 종교언어를 구사합니다. 모든 세상사에 종교적 승인을 해주어야 한다는 과잉된 자의식에 찌든 언어를 남발합니다. 그런데 그것은 이미 현실과 괴리된 시대착오적 언어입니다. 왕정시대나 가부장제에서나 가능할 주장을 힘주어 말하면서 그것이 받아들여지지 않는 오늘의 현실을 개탄합니다. 하지만 세상을 탓할 문제가 아니고, 시대를 읽지 못하는 자신을 탓해야 할 경우입니다. 어떤 이들은 근대적 구획에 매우 충실합니다. 이들은 공적 영역을 회피하고 전적으로 사적 관심사에 설교의 내용을 다 바칩니다. 소위 개인의 '영적 관심'만 다루고, 안전하게 이 틀 안에 머무는 것을 미덕으로 삼습니다. 이들은 대부분의 사람들이 살아가며 던지는 질문들과는 동떨어진 종교적 차원을 계속 발명해내고 이를 수호하는 것을 임무로 삼습니다. 종교가 사적 영역이라지만 무시해도 좋을 만큼 작지 않고, 단순하지 않고, 역사가 오래며, 다양한 사람들이 연관되어 있다는 것으로 위로를 삼습니다. 종교의 영역을 확보한 대신 신앙을 세상살이 전반과는 관계맺지 못하는 잉여적이고, 부차적인 관심사로 만드는 일을 소명으로 알고 수행합니다. 그러다보니 어느새 종교적 언어는 아무것도 지시하지 못하고, 해석하지도 못하고, 의미를 부여하지 못하는 불능의 언어가 됩니다. 신앙 언어의 폐쇄적 세계에 갇혀서는 실재에 대해 말하는 법을 완전히 잊어버립니다. 우리 시대의 역설입니다. 종교의 언어는 적합성을 잃어가는 반면, 세속의 언어 속에서 신비와 의미를 풀어내는 작업들이 시도됩니다. 그리하여 30분간의 설교에서 얻지 못하는 전율을 3분짜리 대중가요에서 느끼는 경우가 생깁니다. 교회당에서 거의 만나지 못했던 압도적인 거룩의 경험을 광장에서 맞대면하기도 합니다. 이것은 거룩함이 세속성에 굴복한 것일까요?

우리의 신앙은 이름표를 보지 않고 블라인드 테스트로 분간될 수 있을까요? 성경에는 그런 내용이 적지 않습니다. 남편이

다섯이나 되는 삶을 살았지만 자기 앞에 선 이가 메시아임을 알아본 사마리아의 여인, 사람들에게 늘 사회적 비난을 받는 세리였지만 예수의 제자가 된 삭개오, 천형을 앓고 있던 문둥병자, 혈루병자, 시각 장애인 등 온갖 사회적 죄인들이 오히려 제대로 된 신앙을 지닌 사람들로 판정되는 이야기를 우리는 많이 알고 있습니다. 이름표가 중요하지 않고, 내용이 중요하다는 메시지는 성경에서 반복적으로 강조됩니다. 우리는 이름을 묻지만, 나무는 그 열매로 안다고 말했습니다. 우리의 신앙을 치장하는 여러 가지 이름표와 보호막을 다 제거하고, 블라인드 테스트를 했을 때, 오직 그 맛만으로 소금과 소금 아닌 것을 찾아낼 수 있을까요? 저 높은 강단에서의 외침이 똥인지, 된장인지를 오직 들은 것만으로 분간할 감식안을 갖고 있을까요?

종교성이 특정한 언어의 체계 내로 제한되지 않는 시대이기 때문에 우리는 도처에서 종교성의 발현을 볼 수 있습니다. 가장 세속적인 행위인 쇼핑, 정치 연설, 대중가요 등에서 불현듯 종교적 상징과 은유를 읽어내거나, 그것이 초래하는 효과가 매우 고전적인 종교적 문법을 따르는 것을 볼 수도 있습니다. 이런 시대에 표면적으로 드러난 성속 구분을 따라 세속을 정죄하고 종교의 깃발만 따라가다보면 언제나 문제를 잘못 인식하게 됩니다. 종교라는 이름표를 달고 있다고 다 종교적이지 않습니다. 또한 세속이란 이름표를 달았어도 그것이 종교적일 가능성을 놓쳐서도 안 됩니다. 이것은 단순히 세상이 뒤죽박죽 엉망이 되었다기보다는 세상의 언어와 문법체계가 달라진 것이므로 차분히 이해하고 배워야 할 주제입니다. 제대로 된 대안을 위해서는 기독교 신앙에서 '세속성'을 어떻게 이해해왔는지 비판적으로 되돌아보는 작업이 먼저 필요합니다.

'이원론'의 기원 '가나안 정복'

먼저 살펴봐야 할 주제는 성경이 세속성을 강력하게 비판하고, 적대적으로 바라본다는 전통적인 입장입니다. 이런 관점을 가장 명료하게 담고 있는 사건이 '가나안 정복'이지요. 구약성경에서 가장 위대한 구원사적 사건은 출애굽^{Exodus}입니다. 출애굽이란 이집트 제국 아래서 억압받던 히브리인들의 고통스런 울부짖음이 하늘에 도달했고, 여호와 하나님이 모세를 통해 파라오의 압제에서 이들을 구출하는 사건입니다. 그러나 이들의 '탈출기'는 동시에 약속의 땅을 향한 '입성기'이기도 합니다. 그 약속의 땅이 바로 '가나안' 아니겠습니까. 가나안을 정탐한 이들은 그 땅이 젖과 꿀이 흐르고, 비옥한 소산을 내는 풍요로운 땅이라고 보고했습니다. 문제는 그 땅의 거주민들이 강력한 군사력으로 무장한 장대한 족속들이라는 점이었지요. 도저히 정복이 가능할 것 같지 않았으나, 히브리인들은 마침내 여호수아의 인도를 따라 정복전쟁을 치르면서 약속의 땅 가나안에 정착했습니다.

주 당신들의 하나님이, 당신들이 들어가 차지할 땅으로 당신들을 이끌어 들이시고, 당신들 앞에서 여러 민족 곧 당신들보다 강하고 수가 많은 일곱 민족인 헷족과 기르가스족과 아모리족과 가나안족과 브리스족과 히위족과 여부스족을 다 쫓아내실 것입니다. 주 당신들의 하나님은 그들을 당신들의 손에 넘겨주셔서, 당신들이 그들을 치게 하실 것이니, 그때에 당신들은 그들을 전멸시켜야 합니다. 그들과 어떤 언약도 세우지 말고, 그들을 불쌍히 여기지도 마십시오. 그들과 혼인관계를 맺어서도 안 됩니다. 당신들 딸을 그들의 아들과 결혼시키지 말고, 당신들 아들을 그들의 딸과 결혼시키지도 마십시오. 그렇게 했다가는 그들의 꾐에 빠져서, 당신들의 아들이 주님을 떠나 그들의 신들을 섬기게 될 것이며, 그렇게 되면 주님께서 진노하셔서, 곧바로 당신들을 멸하실 것입니다. 그러므로 당신들은 그들에게 이렇게 하여야 합니다. 그들의 제단을 허물고 석상을 부수고 아세라 목상을 찍고 우상들을 불사르십시오. (신명기 7:1~5)

가나안 입성을 앞두고 하나님이 요구한 조건은 '그들을 진멸하라'는 내용이었습니다. 어떤 언약도 맺지 말고, 동정도 하지 말고, 결혼을 통한 인종간 혼합도 불가하며, 오직 그들의 종교를 철저히 파괴하라는 것이었습니다. 이스라엘이 가나안 정복전쟁을 어떻게 치렀는지를 담고 있는 『여호수아』의 기록을 보면 여리고성 함락 이후 아이성[城] 전투에서 이스라엘이 그 진멸의 명령을 철저히 수행한 것을 볼 수 있습니다.

> 이스라엘 사람은 광야 벌판에서 자기들을 뒤쫓던 모든 아이성 주민을 다 죽였다. 그들이 모두 칼날에 쓰러지자, 온 이스라엘 군대는 아이성으로 돌아와서, 성에 남은 사람을 칼로 죽였다. 그날 아이성 사람 남녀 만 이천 명을 모두 쓰러뜨렸다. 여호수아는, 아이성의 모든 주민을 전멸시켜서 희생제물로 바칠 때까지, 단창을 치켜든 그의 손을 내리지 않았다. (…) 여호수아는 아이성을 불질러서 황폐한 흙더미로 만들었는데, 오늘날까지 그대로 남아 있다. (여호수아 8:24~28)

그러나 가나안 정복의 모든 과정이 이런 진멸전은 아니었습니다. 이스라엘은 갈수록 느슨해졌고, 정치적 타협을 했고, 그곳 주민들과 결국 공존하게 됩니다. 이방인과의 공존은 이스라엘 사람들에게 어떤 의미로 받아들여졌을까요? 한쪽에는 공존이 그들에게 주어진 실존적 조건이었으므로 이를 인정하고 '평화적 공존'을 모색하자는 입장이 있었습니다. 다른 편에서는 처음 하나님의 약속을 철저히 지키지 않고 '타협적 혼합'을 함으로써 타락을 자초했고 심판의 씨앗을 남겨둔 것이라며 두고두고 후회하는 이들도 있었습니다. 우리는 후자의 이야기에 익숙합니다. 다윗과 솔로몬의 통일왕국 시대를 거쳐 분열왕국 북이스라엘과 남유다의 역사를 고스란히 담고 있는 『열왕기』와 『역대기』는 각 왕들이 어떻게 이방신을 섬기고, 이방인과 결혼하며 이스라엘의 순수성을 얼마나 훼손하였는가를 반복적으로 기록하며, 이를 두고 벌어지는 타락과 개혁의 일진일퇴를 그려내고 있습니다. 그때마다 가나안 정복전쟁을 철저하게 수행하지 않았기에 이런 일이 벌어졌다는 후회와 미련이 곳곳에서 돌출합니다.

대표적으로 지목되는 대상이 이방 여인인 시돈의 공주 이세벨입니다. 그녀는 북이스라엘 아합왕의 왕비가 되어 바알 신전을 짓고, 아세라 상을 만들고, 바알 제사장과 능력 대결을 벌여 승리했던 엘리야를 죽이려고 위협하기까지 했습니다(열왕기상 16:29~34, 18:1~19:18). 이에 대해 선지자 엘리사는 북이스라엘의 장군 예후에게 기름을 부어 왕으로 세워서 아합왕을 치게 합니다(열왕기하 9:1~13). 이때 주어지는 명령은 이러했습니다.

너는 네가 섬기는 상전 아합의 가문을 쳐라. 나는 내 종들인 예언자들의 피와 또 주님의 다른 종들의 모든 피를 이세벨에게 갚으려고 한다. 나는 아합의 가문을 모두 다 멸망시킬 것이다. 그렇다. 아합에게 속한 사람은 매인 사람이건 놓인 사람이건 가릴 것 없이, 남자는 누구나 이스라엘 안에서 끊어버릴 것이다.(…) 그리고 개들이 이스르엘 땅 안에서 이세벨을 뜯어먹을 것이다. 그를 매장할 사람조차 없을 것이다. (열왕기하 9:7~10)

'멸절하라'는 내용이 다시 나옵니다. 예후는 실제로 이세벨을 비롯하여 아합의 집안을 진멸하고, 바알의 제사장들을 한곳에 모아서 몰살시켰습니다(열왕기하 9~10장).

이스라엘이 가나안 정복 때에 주어진 하나님의 명령을 제대로 지키지 않은 탓에 반복적으로 타락하고 있다는 인식은 꾸준히 등장합니다. 포로기 이후 귀환하여 무너진 성전을 재건하는 사업을 완성한 느헤미야와 에스라의 개혁 조치에서도 가장 두드러지는 대목은 이방인들과의 결혼을 회개하고, 이를 청산하는 일이었습니다(에스라 9~10장, 느헤미야 10:28~30, 13:1~4, 13:23~27).

'가나안 정복전쟁'은 하나의 신앙적 상징으로 강력한 규범적 영향력을 품고 있습니다. 즉, 하나님의 백성은 죄와 악으로 물든 세상 가운데 하나님이 주신 자신들의 기업/몫을 지키기 위해 세상의 죄와 악을 타협 없이 제거해야 한다는 것입니다. 성경은 이 전쟁을 '야훼의 전쟁'$^{War\ of\ Yahweh}$으로 묘사하면서, 그 땅에 속한 모든 것을 진멸하도록 명령을 내립니다. 어린아이, 여성, 때로는 가축까지도 남기지 말고 몰살시키라는 명령이 기록되어 있습니다. 이런 구절들을 오늘날 문자적으로 해석하고 적용하려면 난감한 과제가 한둘이 아닐 겁니다. 과연 온 인류를 창조하신 하나님이 특정한 족속을 멸절하라는 명령이 그분의 속성과 부합하는가, 아니면 이는 단지 부족 전쟁의 상황을 당시의 언어와 관습대로 기술한 것에 불과한가, 오늘날에도 동유럽이나 아프리카에서 벌어지고 있는 반인도적 '인종 청소'ethnic cleansing 같은 범죄가 이런 본문으로 정당화되거나 부추겨지지는 않는가 등의 고민을 촉발합니다. 종교간 전쟁이나 내전 상황에서는 이런 구절의 해석이 실질적 위협을 초래할 수도 있습니다. 세계 곳곳에서는 이런 내용을 문자적으로 끌어다가 자신들의 비인도적 행위를 정당화하는 집단이 있습니다. 대부분의 그리스도인들은 오늘날 이 내용을 문자적으로 적용하기보다는 세상의 가치나 문화와 타협하지 말고 이를 결연히 거부하라는 가르침을 주는 '상징적 의미'로 해석해야 한다고 여길 것입니다. 그럼에도 불구하고 이 이야기는 우리 신앙에 강력한 규범적 권위를 지닙니다.

'가나안 정복전쟁' 본문을 이러한 맥락으로 읽어가면 '하나님의 백성은 결국 하나님의 명령을 충실히 따를 것인가, 아니면 세상과 적당히 타협할 것인가'란 양자택일에 다다릅니다. 거룩한 삶을 향한 철저한 헌신과 순종 없이는, 또한 이를 훼방하는 세상의 죄악과 결연히 싸우지 않고는, 그리스도인의 삶은 불가능하다는 것이 우리가 흔히 알고 있는 성속이원론의 핵심적 가르침입니다. 그러나 성속이원론은 이런 결단의 엄중함과는 별개로 거룩함과 속됨을 나누는 기준을 과연 어디서 취하느냐에 따라 심각한 문제를 드러냅니다. 이 기준을 이미 세상 속에 존재하는 인종이나 계층 등의 구분선을 따라 가시적으로 나누고, 이에 근거해서 거룩을 증진시키고, 속됨을 감소시키라고 주장하면 곤란합니다. 성속이원론은 거룩함의 근원이신 하나님께는 더 가까이 나아가고, 자신들의 내부에서 불결한 것을 제거하려 노력해야 한다고 합니다. 속된 것과의 접촉을 차단하고, 오염에서 멀리 떨어지고, 행여 경계심이 풀어지지 않도록 늘 주의하고, 만약 이를 위반하거나 실패했을 경우 이를 씻어내고 다시 정결해지는 절차를 가동해야 한다고 주장합니다.

그런데 이런 선명한 성속이원론적 입장과는 달리 성경에는 이를 비껴가는 이야기들, 경계를 뭉개는 이야기가 의외로 많습니다. 당장 『룻기』의 주인공은 유대인 나오미와 그의 며느리인 모압여인 룻입니다(룻기 1:4). 룻은 보아스와 재혼하고 아이를 낳는데 그가 곧 다윗의 할아버지인 오벳이었습니다(룻기 4:17, 21~22). 룻은 다윗의 증조할머니였던 셈이지요. 여기서는 이방여인이 성공적으로 이스라엘에 동화되는 이야기를 담고 있습니다. 잘 알려져 있듯 예수의 족보에는 부정한 여인이나 이방인이 여럿 등장합니다. 여호수아가 파견한 정탐꾼들을 숨겨준 라합의 직업은 성매매 여성이었지요. 『욥기』의 주인공인 욥과 주요한 등장인물들도 이방인으로 볼 수 있거나 적어도 이방인이어도 무방한 경우입니다. 구약성경의 곳곳에서 이방인이 유대인에 동화되거나, 공존하는 사례들이 발견됩니다. 하나님과의 관계성이 우선이지 민족이나 인종이나 계급을 거룩함과 동일시해서는 안 된다는 사실을 보여주는 사례들입니다. 우리가 과감하게 성속이원론의 노선으로 폭주할 수 없게 제지하는 대목이 아닐 수 없습니다.

신약성경은 훨씬 더 멀리 나아갑니다. 예수 그리스도는 이스라엘이 이방인의 통치 아래 놓인 책임을 '율법 준수에 실패한 죄인들과 부정한 자들'에게 묻는 유대의 지도자들이나 선생들과 상습적으로 대립했습니다. 그가 전한 복음은 초대받지 못한 이들이 하나님의 잔칫집에 손님으로 대거 들어온다는 전복적 상상력을 유감없이 드러냅니다. 그는 규정된 율법의 조항들을 의식적으로 위반하고 거룩과 속됨을 규정한 관행을 수시로 어겼습니다. 문둥병자, 혈루병자, 시각장애인을 비롯한 수많은 병자들을 직접 접촉하고 치료해주었으며 세리, 창녀, 사마리아인, 열심당원, 로마군인 등 윤리적으로 부정하거나 사회적으로 거리끼는 존재들과의 만남을 전혀 주저하지 않았습니다. 안식일에도 쉬지 않고 치료하고, 음식을 먹고, 여행을 함으로써 율법을 어겼습니다. 성속이원론의 고전적 입장은 우리를 예수의 편이 아니라, 율법학자들의 편으로 인도합니다.

예수는 왜 그랬을까요? 거룩함은 유대인들이 알고 있던 전형적인 방식으로는 결코 얻을 수 없다는 것, 오히려 저주받은 속된 존재를 환대하면서 거룩에 이르는 다른 길을 보여주려 했던 것은 아니었을까요? 그는 당대의 기준으로는 신성모독적이고, 반율법적인 인물로 간주되었습니다. 이런 예수의 행보가 가장 극적으로 드러난 사건이 그의 공생애 사역에 어머니 마리아와 동생들이 찾아왔던 일(마태복음 12:46~50)입니다. 제자들이 '선생님의 어머니와 형제들이 선생님과 말을 하겠다고 바깥에 서 있습니다'라고 말하자, 예수는 '누가 나의 어머니이며, 누가 나의 형제들이냐?' 하고 오히려 제자들을 가리키며 '보아라, 나의 어머니와 나의 형제들이다. 하늘에 계신 내 아버지의 뜻을 따라 사는 사람이 곧 내 형제요 자매요 어머니이다'라는 말씀을 남깁니다. 하나의 해프닝처럼 기록된 이 사건을 우리는 주목해야 합니다. 예수는 여기서 가족의 범주를 새롭게 설정하고 있습니다. 혈연이나 지연이 아니라, '하나님의 뜻대로 행하는 자'가 기준입니다. 예수님은 전통적으로 하나님의 백성 범주에 들지 않던 이들에게 이 기준을 따라 그 나라의 문을 활짝 열어주었습니다. 예수에게 있어 누군가가 이방인이거나 율법위반자이기 때문에 배척의 대상이 된다는 생각은 어불성설이었습니다. 성속이원론은 이제 심대한 수정을 요하는 입장에 서고 맙니다.

사도 바울도 그의 서신들에서 끊임없이 전통적인 율법 이해를 비판하며 예수의 복음과 새로운 관계를 맺어야 한다고 논박합니다. 그는 종종 율법이 폐지된 것처럼 묘사하거나, 그리스도인들의 삶에 더이상 권위가 없는 것처럼 가르쳤습니다. 특히 그는 할례 문제를 놓고 다른 사도들과 첨예하게 대립했습니다. 이방인 성도들이 결코 하나님 나라의 2등 시민이 아니고, 복음은 이들을 차별하지 않는다고도 웅변했습니다. 그는 최종적으로 "유대 사람도 그리스 사람도 없으며, 종도 자유인도 없으며, 남자와 여자가 없습니다. 여러분 모두가 그리스도 예수 안에서 하나이기 때문입니다"(갈라디아서 3:28)라고 선언합니다.

이처럼 구약에서부터 신약을 거쳐 그 이후 역사까지 살펴보면, 기독교 신앙은 단순한 성속이원론으로 귀결되지 않으며, 오히려 이를 넘어서고자 하는 강력한 의지와 실천 위에서 성립되었음을 잘 알 수 있습니다.

'세속성'의 두 기원

'세속적'이란 말은 '거룩하지 않다'는 뜻이지요. 그런데 우리가 '세속'이라고 할 때 사용되는 개념은 하나가 아니라 둘입니다. 하나는 헬라어 코스모스^{cosmos}에서 라틴어 문두스^{mundus}로 이어지는, 우리가 보통 '세상'^{world}이라고 말하는 공간적 개념입니다. 가치중립적으로는 우주^{universe}, 땅^{earth} 등을 뜻하지만, 부정적 뉘앙스로 쓰이면 '속된 영역'을 의미합니다. 그러므로 '땅'에 속한 것은 저급한 것이고, '하늘'^{heaven}에 속한 가치라야 성스럽습니다. 거룩해지려면 우리는 이 땅에서 벗어나 저 하늘로 가야만 합니다. '하나님은 하늘에 있고, 인간은 땅에 있다'며 그 차이를 까마득하게 강조할 때도 있고, 신들은 저 하늘 위에 거주하는 것으로 묘사됩니다. 보통 그런 의미로 땅과 하늘을 나누고, 이 땅을 속된 공간으로 지칭합니다. 혹은 땅에서도 하늘과 통할 수 있는 매우 특별한 공간이 지정될 수도 있습니다. 모세가 미디안 광야의 불붙은 떨기나무 속에서 "네가 서 있는 곳은 거룩한 땅이니, 너는 신을 벗어라"(출애굽기 3:5)는 말씀을 듣는 이유입니다. 출애굽 과정에서 호렙산에 홀로 올라가 하나님을 독대하는 것도 그렇습니다. 하나님의 지상임재를 묘사하기 위해서 구름기둥이나 불기둥과 같은 초자연적인 현상이 동반되는 이유도 마찬가지입니다. 모세는 '하나님의 영'이 임재하는 공간으로 성막$^{holy\ tabernacle}$을 정성스럽게 세웠는데, 그곳에 여호와의 영광이 충만했다고 했습니다(출애굽기 40:34~38). 솔로몬왕의 성전$^{holy\ temple}$ 건축도 이를 재현하려는 시도였습니다. 성전의 내부 구조가 '이방인의 뜰'-'성소'-'지성소'로 나뉘어 있어서 각각의 공간이 요구하는 성스러움의 수준이 다르고, 접근할 수 있는 자격이 다른 것도 우리가 거룩을 이해하는 데 공간적 사고에 깊이 의존하고 있음을 잘 보여줍니다.

이처럼 거룩함과 속됨은 전형적으로 공간적 분리^{separation}의 정도, 즉 얼마나 먼가 혹은 가까운가로 묘사되고 측정됩니다. 거룩의 대상과는 가까이 접근할수록, 부정한 존재는 멀리할수록 거룩한 것입니다. 개인이나 집단 내부에서는 죄와 악이란 불순물을 얼마나 제거했느냐로 정결의 수준$^{level\ of\ purity}$을 묻습니다. 에덴동산에서 추방된 아담과 이브는 타락 때문에 신적 공간에서 멀어진 인간, 그리고 다시 그 공간으로 귀환할 수 없는 인간을 잘 보여줍니다. 거룩을 추구하는 이는 부정한 것과의 접촉을 삼가야 하므로 먹고, 마시고, 접촉하는 모든 것에 의해 오염되지 않도록 조심해야 합니다. 나실인 삼손은 머리를 깎지 말라는 명령과 더불어 독주를 마시지 말고, 시체를 만지지 말라는 조건도 지켜야 했습니다.

거룩과 세속성에 대한 공간적 개념은 이렇게 우리에게 익숙한 사상입니다. 이런 사고방식을 따르자면 세상 속에서 거룩해질 방법이 없습니다. 진흙탕에서 깨끗해지는 것은 원초적으로 불가능합니다. 그 바깥, 즉 하늘로 건져올림을 받든지, 아니면 매번 깨끗이 씻어서 정결한 상태를 유지하든지 둘 중 하나입니다. 이 공간적 개념 아래서 거룩은 공간적 이동을 통해 구현됩니다. 성경과 우리의 언어에서 수많은 예를 찾을 수 있습니다. 이집트에서 탈출^{exodus}해서 약속의 땅으로 들어가듯, 세상을 떠나 교회로 가야 합니다. 산 아래 마을의 시장터에서 산 위의 수도원으로 들어가거나 세속의 직업을 포기해야 합니다. 거룩한 부르심에 순종하는 행위는 그렇게 겉으로 드러나야 하는 겁니다. 목욕재계를 하고(정결성), 산 속으로 기도하러 들어가는(접근성) 행위는 바로 이런 점에서 거룩함을 추구하는 가장 원형적인 모습을 보여주는 그림입니다. 우리는 거룩을 이런 방식으로 이해해왔습니다.

성경에는 그와 다른 개념이 하나 더 등장합니다. 헬라어 아이온^{aeon}에서 기원해 라틴어 세쿨럼^{saeculum}으로 이어지는, '세속적'이란 단어의 어원을 제공하는 시간적 개념이지요. '시대'^{age} 혹은 '세대'^{epoch} 등으로 보통 옮겨지는데, 성경에 '이 악한 세대' 등의 표현에서 알 수 있듯이 '이 시대'$^{this\ age}$를 악의 권능 아래 처해 있는 장으로 간주하는 부정적 뉘앙스가 강합니다. 사람들은 '이 시대'의 영향력 앞에 자신들을 무방비 상태로 내어줌으로써 죄와 악에 종노릇합니다. 신약성경은 압도적으로 '이 시대'를 '오는 시대'$^{age\ to\ come}$와 강력하게 대비시킵니다. 예수 그리스도가 돌진해오는 '메시아적 시대'$^{messianic\ time}$의 담지자임을 증언하는 것이지요. 물리적으로는 같은 시간대를 살고 있을지라도, '이 시대'에 속한 이들과 '오는 시대'에 속한 이들은 전혀 다른 삶을 삽니다. 역사의 종말^{eschaton}이란 한편으로는 총체적 파국이자 파멸이지만, 다른 한편으로는 완성과 회복의 의미를 지닙니다. 그리스도인이란 개인 혹은 공동체로 '새 시대'$^{new\ age}$를 지금 사는 존재를 뜻합니다. 성도들의 실존적 고민은 현실 속에 포개진 두 시대의 요구를 분별하면서 여기서 발생하는 부조화를 해소하며 살아가는 데에 있습니다.

이 관점은 창조된 어떤 것도 영속적으로 악하거나 부정하지 않고, 갱신과 회복의 때가 오기 전까지만 부패한 상태에 놓여 있다고 봅니다. 그런데 만약 그 마지막 때를 미리 당겨올 수만 있다면, 동일한 시간대 속에서도 질적으로 전혀 다른 삶이 가능할 것입니다. 즉 거룩/성스러움은 어떻게 이 세상^{this world}을 떠나 저 세상^{other world}으로 들어가느냐가 아니라, 어떻게 이 시대가 아닌 오는 시대^{coming age}의 가치를 따라 사느냐에 달린 문제라고 볼 수 있습니다. 창조된 세계 자체가 영속적이고 본질적으로 부패하고 타락한 것이 아니라, 구원과 회복의 때가 오기 전까지만 그런 상태에 처해 있다는 것입니다. "그것은 곧 피조물도 썩어짐의 종살이에서 해방되어서, 하나님의 자녀가 누릴 영광된 자유를 얻으리라는 것입니다. 모든 피조물이 이제까지 함께 신음하며, 함께 해산의 고통을 겪고 있다는 것을, 우리는 압니다"(로마서 8:21~22)라고 사도 바울이 말하는 것처럼 이 세계 내에서 부패하고 타락했다고 비판당하고 정죄받는 대상들도 그 자체로 악한 것이 아닙니다. 그들 모두 '오는 시대'의 구성원이 되면 새로운 존재^{new creation}가 됩니다. "누구든지 그리스도 안에 있으면, 그는 새로운 피조물입니다. 옛 것은 지나갔습니다. 보십시오, 새 것이

되었습니다."(고린도후서 5:17)

　세속성은 '공간적 사고'와 '시간적 사고'를 따르는 각각의 개념틀에 따라 꽤 유의미한 차이를 보입니다. 성속이원론은 공간적 분할에 익숙한 이들에게 설득력이 높습니다. 자세히 보면 여러 종교적 사고에 이런 공간적 구분에 따른 세속성 이해는 꽤 보편적입니다. 반면에, 기독교 신앙에는 통상 시간적 사고를 따르는 특징이 두드러집니다. 창조에서 종말까지 시간축을 따라 진행되는 직선적 역사관은 여러 면에서 독특한 것이 사실입니다. 게다가 그 시간이 하나로만 흐르지 않고 '이 시대'와 '오는 시대'가 겹쳐 있다고 보는 관점은 상당히 낯섭니다. 저는 세속성을 이해하는 데 있어 공간성은 부정하고, 시간성만 인정해야 한다고 말하는 게 아닙니다. 이 둘은 만납니다. 시간과 공간이 만나는 자리에 우리가 존재합니다. 공간을 연구하는 이들은 우리가 현실에서 만나는 것은 그냥 물리적 '공간성'space이 아니라, 시간의 흔적이 쌓인 '장소성'place을 갖는다고 말합니다. '거룩을 향한 추구'는 단순히 이 세상을 떠나 저세상의 천당으로 가기를 청하는 방식이 아니라, 이 세상 속에서 '오는 시대'의 가치를 따라 일상을 살아간다고 풀어서 말할 수 있을 것입니다. 교회에서 진정 가르쳐야 할 내용은 '세상을 저버리고, 교회로 돌아오라'는 이야기가 아니라, 성도들이 어떻게 일상의 시공간 속에서 다른 방식의 삶을 살 수 있는지 일깨우고 독려하는 일이어야 할 것입니다. 우리의 신앙적 과제가 거기에 있음을 명확히 하지 않으면 엉뚱한 대립구도에 얽매여 신앙적 에너지를 소진해버릴 수 있습니다.

우리는 그간 교회에서 '성속'을 매우 편의적으로 나누어서 가르쳤고, 이로 인해 발생하는 여러 문제를 접해왔음에도 정직하게 여기에 직면하지 않았다고 느낍니다. 교회 일은 성스럽고, 직장 일은 속된 것이 아닙니다. 교회 일이든 직장 일이든 다 거룩하게 해야 합니다. 이것이 진실입니다. 그리고 그것은 교회와 직장에 같은 기준을 일관되게 관철하고자 노력할 때라야 가능합니다. 교회 울타리로 들어간다고 세속성이 작동을 멈추지 않습니다. 직장의 세계로 들어갔다고 거룩의 요구가 사라지지 않습니다. 공간적 이동에 따라 가면을 바꿔 쓰는 방식 말고, 어떤 공간이든 견지해야 할 원칙을 확립하는 것이 중요한 신앙적 과제이겠지요. 그러므로 '세속성자'는 이것을 전면적 과제로 삼아 '이 시대'와 '오는 시대'가 하나의 시공간에서 뒤엉켜 펼쳐지는 삶의 현장을 살아내겠다고 각오한 사람들을 일컫는 말에 다름 아닙니다.

수년간, 혹은 수십년간 교회에서 신앙생활을 했고, 정성을 들여 가르침을 받고 활동에 참여했는데, 신앙생활이 성장했다고 느끼시나요? 우리는 단지 교회에서 쓰는 용어, 분위기, 공간, 예배의 순서, 사람들과의 관계 등에 익숙해진 것은 아닙니까? 심지어 그것에는 익숙해졌지만 신앙적으로는 퇴행하고 있다고 느낀 다면 그보다 더 실망스런 일이 어디에 있겠습니까? 우리는 신앙의 '블라인드 테스트'가 필요합니다. 교회 안에서 벌어진다고 다 거룩한 일이 아니고, 교회 밖이라고 다 속된 것이 아닙니다. 눈을 가리고, 그 열매만 맛보고서 판별할 능력이 없다면 우리는 진정한 거룩은 알지도 못하고 그냥 익숙하고 그럴 듯해 보이는 쪽을 승인하는 것과 다름없습니다. 커피나 와인의 진가가 브랜드 라벨에 있지 않고, 맛 자체에서 승부가 난다는 것은 상식입니다.

예수는 "아버지께서 나를 세상에 보내신 것과 같이, 나도 그들을 세상으로 보냈습니다"(요한복음 17:18)라며 그가 세상 속으로 보냄받은 것처럼 그의 제자들도 세상 속으로 보냄받은 존재들이라고 했습니다. 우리에게 주어진 것은 피와 살과 뼈로 된 몸, 즉 공간성과 한평생으로 한정된 시간성입니다. 우리는 그 안에서 땀 흘려 노동하며 삶을 영위합니다. 우리는 세상을 부정하고 떠나는 행위가 아니라, 주어진 시간성과 공간성을 최대치로 살아냄으로써 좋은 그리스도인이 될 수 있습니다. 그리고 그것은 한 인간이 자기 생에 추구할 수 있는 최상의 기대치와 다르지 않을 것입니다. 참 신앙인은 곧 참 인간으로 사는 존재입니다. 그러므로 어떤 경건이든지 그리스도인들에 의해서 수행되는 거룩은 '세계 내적 경건'this-worldly holiness이지 '세계 이탈적 경건'other-worldly holiness은 아닙니다. 과감하게 '세속적'이기를 시도하십시오.

4. 라이프스타일
― 영원이 아니라 찰나를 붙잡으라

> 여러분은 이 시대의 풍조를 본받지 말고,
> 마음을 새롭게 함으로 변화를 받아서,
> 하나님의 선하시고 기뻐하시고 완전하신 뜻이 무엇인지를
> 분별하도록 하십시오.
>
> ─로마서 12:2

스타일의 차이

저는 종종 북한산 등산을 합니다. 초반의 가파른 길에서 벌써 죽을 듯 숨이 가빠지고, 심장은 사정없이 펌프질을 하지요. 초보 등산객인 저는 쩔쩔맵니다. 그런데, 딱 숨넘어갈 것같이 힘든 산길 옆에 절이 있는 겁니다. 도대체 이런 가파른 길로 어떻게 찾아오라고 여기에 절을 만들어두었나 싶어요. 그런데 이런 곳이 한둘이 아니더군요. 좀더 시간이 지나 여러 산을 다녀보니, 기암

절벽 위에 버젓이 사찰이 있기도 합니다. 생전의 성철 스님을 만나려면 먼저 삼천 배를 해야 했다는 얘기가 있습니다. 권위의식이 있나 했었습니다. 그런데 광화문의 세월호 농성장에서 유가족의 46일 단식 이후 목사님 두 분이 40일 넘게 단식하는 일이 있었습니다. 그때 저도 동조단식 한다며 하루 이틀 노숙을 한 적이 있었지요. 그러던 어느날, 불교쪽 사람들이 와서 초저녁부터 삼천 배를 한다고 하더라구요. 대략 밤 10시면 끝나겠거니 했는데 웬걸, 삼천 배가 새벽까지 이어졌습니다. 삼천 배를 한번에 하는 것이 아니라, 오백 배를 하고, 한참을 쉬었다 다시 시작하니까 날이 꼬박 새더군요. 그걸 보고나니 성철 스님의 삼천 배 이야기가 새롭게 들렸습니다. 아마 웬만큼 소소한 고민은 삼천 배를 하는 사이에 다 해소되고 말겠지요. 그런데 삼천 배를 하고도 여전히 남는 고민이라면, 성철 아니라 그 할아버지라도 만나주어야 할 일 아니겠습니까. 불교는 사안의 경중을 스스로 자기 안에서 털어내는 지혜를 알았던 것 같습니다.

다시 산중사찰 이야기로 돌아가보면, 저는 솔직히 불교가 부러웠습니다. 산중에 자리잡고 앉아서, 자기 고민이 넘쳐서 꼭 찾겠다는 사람을 땀 흘려 산길을 걷게 합니다. 와도 쉽게 만나주지 않습니다. 삼천 배든 뭐든 어떤 방식으로라도 자신의 진지함과 절박함을 입증하게 합니다. 그 정도의 정성을 들여야 만남을 갖고, 인연을 맺고, 가르침을 받게 합니다. 그런데 스님들의 말씀은 어디 친절하기나 한가요? 알듯말듯한 화두 하나 툭 던지고, '일체유심조'一切唯心造라 다 마음에 달렸다 합니다. 그래도 신자는 그 이야기를 마음에 중히 담아서 돌아갑니다.

개신교 교회는 어떤가요? 교회당 건물은 대체로 접근성 좋은 역세권에 자리잡습니다. 그런 지역에는 한 건물에도 여러 개의 교회가 입주해 있기도 합니다. 주차장 널찍하게 확보하고, 겨울에 따뜻하고, 여름엔 시원해서 일절 불편함이 없지요. 아이들 교육에는 한치도 모자람이 없어야 합니다. 부모들에게서 사소한 불평이라도 나올까 전전긍긍합니다. 매주 집계되는 헌금액수와 출석 숫자는 실시간으로 매겨지는 목회 성적표입니다. 그 성적표는 담임목사와 장로뿐 아니라 모든 교인들이 암묵적으로 서로를 평가하는 지표입니다. 이런 상황에서 신자들의 눈치를 보지 않는 목사가 나오기 어렵고, 성도들의 심기를 거스르는 설교를 지속적으로 하는 사역자는 존재할 수 없습니다. 카리스마로 회중을 휘두르는 목사가 없는 것은 아니나, 지금은 오히려 청중의 욕망에 선제적으로 영합하는 목사가 더 많은 시대일 겁니다. 교회의 퇴락은 목사 혼자에게만 오롯이 책임이 돌아갈 문제는 아닙니다.

한국 사회는 '부동산 공화국'이란 별칭 그대로 빈틈없이 재산 증식 패턴을 형성해갔습니다. 교회는 달랐나요? 신자들이 월셋방에서 전세로, 주택에서 아파트로, 그러다 전원주택과 콘도회

원권으로 갈아타며 부동산 계급사회에서 상층으로 올라갈 때, 교회도 누군가의 거실 마루에서 모이다가, 상가 한켠을 임대하다, 한층을 차지했다가, 교육공간을 옆에 만들고, 마침내 자기 예배당을 건축하고, 새로 개발되는 아파트 단지의 종교부지를 물색하거나, 서울 근교의 신도시로 넓혀서 이사 가는 패턴을 따랐습니다. 교회의 흥망성쇠 혹은 라이프사이클이 그 사회를 닮은 것은 어쩔 수 없는 일일 수 있습니다. 그러나 그것이 그리스도인들이 한세상 살아가는 전형이자 목표의 전부라면 너무 아쉬운 일 아닙니까?

개신교인들이 이런 조건에서 신앙생활을 10년, 20년 하다보면, 일종의 '스타일'이 만들어집니다. 좀더 어려운 말을 쓰자면 프랑스의 사회학자 피에르 부르디외Pierre Bourdieu의 '아비투스'Habitus란 개념도 동원할 수 있을 겁니다. 아비투스란 특정한 수행성에 따라 형성되는 삶의 성향과 태도를 말합니다. 비슷한 계급이나 계층 혹은 집단 안에서 형성된 성향과 태도가 개인의 문화적 취향과 소비의 근간을 이룹니다. 세속성자들이 '라이프스타일'에 관심을 갖는 것은 이런 연유에서 비롯합니다. 우리 삶이 한 사회의 지배적 가치관을 따라 무비판적으로 형성된다면 그것도 문제이고, 사회와는 차별성을 갖는 아비투스를 보이긴 하지만 자기들끼리만 의미있는 집단적 수행성을 크게 벗어나지 못하며 '하위문화' 수준에 머물고 있다면 그것도 바람직하지 않습니다. 기독교 신앙이 독특한 삶의 양식을 형성하지 못하고 단지 기득권의 삶을 반복하는 경우는 허다합니다. 로널드 사이더 Ronald J.Sider는 『가난한 시대의 부유한 그리스도인』Rich Christians in an Age of Hunger(1977)을 통해 70년대 미국 중산층 복음주의자들의 관심사에서 전지구적 경제 불평등의 문제가 사라졌음을 일깨웠습니다. 자본주의적 삶을 당연시하고 향유하면서, 그런 삶이 이런 체제 바깥에서 어떤 문제를 일으키는지 아무런 관심도 갖지 않는 현실에 대한 따가운 질책이었죠. 그는 복음주의자들에게 '단순한 삶의 양식'Simple Lifestyle이 필요하다는 각성을 요청하고 그에 부합하는 삶을 선택하라고 재촉했습니다.

제가 고등학교 무렵에 친구들과 인상 깊게 읽은 책으로 찰스 쉘던Charles M.Sheldon이 쓴 『예수님이라면 어떻게 하실까』What Would Jesus Do?(크리스천다이제스트 2017)가 있습니다. 1896년에 나온 이 소설은 한 교회에 찾아 들어온 노숙자와의 만남을 통해 그 교회 회중들이 저마다 '예수님이라면 어떻게 하실까?'를 질문하면서 그것이 몰고온 삶의 변화를 잘 그려냈습니다. 19세기말에서 20세기초반까지 융성했던 미국의 사회복음social gospel 시대 전통을 잘 담아내고 있지요. 이 작품은 우리가 저 질문 앞에 진지하게 설 때 그에 걸맞은 삶의 변화 혹은 라이프스타일을 결단해야 한다는 점을 감동적으로 설득함으로써 오랫동안 많은 독자들의 호응을 받았습니다. 이 구호는 1990년대에 다시 미국의 청소년층에서 대중적인 인기를 얻어 그 제목의 약칭인 WWJD가 목걸이, 팔찌, 티셔츠 등으로 제작되어 널리 퍼져나간 바 있기도 합니다.

'예수라면 대체 어떻게 했을까?'란 매력적 질문은 반문화counter culture 운동이 절정을 이루던 1960년대 미국의 청년세대에게 다시 던져졌습니다. 그 결과 급진적으로 예수를 따르는 삶을 살아보자는 예수운동Jesus Movement이 일어나기도 했습니다. 기성 교회나 제도적 신앙에 대한 반발은 이내 그들의 감수성에 부합하는 새로운 문화와 삶의 양식을 추구하기에 이르렀습니다. 이때 나온 예수음악Jesus music이나, 기독교 꼬뮨commune을 이루어 살았던 다양한 실험적 공동체운동, 당대의 반전평화운동과 교감하며 대안적 사회질서를 추구한 사례 등을 어렵지 않게 찾을 수 있습니다.

교회 역사를 돌아보아도 특정한 생활양식을 특징으로 삼았던 신앙운동을 종종 찾을 수 있습니다. 중세를 거치면서 많은 재산을 소유하게 된 서구 교회의 고위 성직자들은 상류층의 삶을 누렸습니다. 이를 정상이라 여기지 않았던 개혁가들은 늘 '청빈'이란 가치를 부각시켰습니다. 프랑스의 개혁그룹인 왈도파Waldensians는 삶에 대한 경건한 태도와 가난한 이들을 돌보았던 청빈한 삶으로 '리옹의 가난한 사람들'이란 별칭을 얻었습니다. 성 프란체스코는 가족을 떠나 수도사의 삶에 헌신하면서 입고 있던 옷까지 다 벗어버리고 알몸으로 청빈의 삶을 시작하였다고 합니다. 당대 교회의 부정부패 현실과 극명히 대비되는 이런 에피소드는 그를 따랐던 이들 역시 '청빈'이란 가치를 두드러지게 실천하고자 했음을 잘 보여줍니다.

교회사에서 중요한 변화를 일으킨 개혁자들은 당대의 교회가 부와 명예를 좇을 때, 가난과 조롱을 감수하는 쪽을 선택했습니다. '예수라면 어떻게 했을까?' 물어본다면 대답이 그리 어렵지 않았기 때문일 겁니다. 이 질문은 현상유지status quo를 벗어나려는 이들에 의해 반복적으로 일깨워집니다. 미국 복음주의자들이 사회정의 문제에 관심을 접고 기득권을 실천적으로나 규범적으로 옹호할 때 짐 월리스, 쉐인 클레이본Shane Claiborne, 토니 캄폴로 같은 이들은 꾸준히 이런 상황을 거스르며 저항의 목소리를 냈습니다. 마틴 루터 킹 목사를 비롯하여 인종차별에 저항하고 시민권을 증진해온 운동의 긴 역사도 자기 문화에 대한 백인 그리스도인들의 맹목 현상을 꾸짖는 불호령에 다름 아닙니다. 정치사회적 실천이 아니더라도 영성 탐색의 과정에서 장애인, 사회 부적응자, 가난한 자들에게 다가가 삶의 전적 갱신을 이룬 이들도 있습니다. 정신지체자를 돌보는 라르쉬 공동체에서 자기 삶의 극적 전환을 맛본 헨리 나우웬Henri J.M. Nouwen의 저술들, 가톨릭 신부직을 버리고 알코올중독자로 노숙자 생활을 오래 했던 브래넌 매닝Brennan Manning이 강조한 그 특유의 단순한 은혜, 영성이 개인의 내면과 사회정의와 통합하는 한 정점을 체현한 수도자 토마스 머튼^{Thomas Merton} 등은 서구 기독교의 쇠락에 대한 항의와 극복의 몸짓을 보여주었으며 세속성자의 대안적 라이프 스타일로 꼽기에도 충분한 사례들입니다.

시간 속의 성스러움

우리는 이제껏 '거룩'을 주로 성속이원론의 관점에서 문제삼아 왔습니다. 그러나 세속적이란 말의 의미는 공간적 차원도 있고, 시간적 차원도 있는데, 기독교 신앙은 그 시간적 차원을 포착하는 독특함에 주목해야 한다고도 앞서 강조했습니다. 이것은 무슨 말일까요? 우리는 '거룩'을 습관적으로 초시간적/무시간적 가치라고 생각했습니다. 시간과 상관없는 가치, 즉 시간의 변화에 영향받지 않아야 한다고 본 것입니다. 서양의 전통 철학적 사고에서는 영원^{eternal}, 불변^{unchanging} 등을 신적 속성^{divine attributes}에 연관시켰고, 이에 반대되는 일시적^{temporary}, 변화^{changing} 등의 특성은 세속적 속성^{secular attributes}과 연관시켰습니다. 시간에 따라 변하는 것은 신적 속성이 될 수 없다고 본 것이지요. 이런 맥락에서 모든 생성필멸하는 것들은 세속적이고, 신적 속성을 부여할 수 없는 것으로 간주했습니다. 이런 생각에 공감하는 그리스도인들이 많겠지만, 이들은 사실상 이데아 개념을 하나님과 동일시하는 플라톤주의자들일 겁니다. 예를 들면, 초기 기독교 시대에 등장한 영지주의gnosticism는 참된 진리는 천상에 속한 영적인 것이고 불멸의 것이라며 이를 지상에 속한 피와 땀과 눈물과 같은 육체성과 연관짓는 것을 몹시 곤혹스러워했습니다. 이들은 하늘이 아니라 땅에 속한, 영혼이 아닌 육체성을 중시하는, 시간에 따라 변화하는 것에는 결코 신성을 담을 수 없다고 여겼습니다. 이러니 성속이원론이 아닌 방식으로 기독교 신앙을 납득시키기란 매우 힘듭니다. 그러나 흥미롭게도 "그 말씀은 육신이 되어 우리 가운데 사셨다"(요한복음 1:14)를 비롯한 여러 구절에서 '예수의 성육신'incarnation은 매우 강조되었고, '육체적 부활' bodily resurrection 역시 신앙고백의 중심을 차지하고 있습니다. 신약성경과 교회사에서 그리스도의 육체성을 부정하는 입장은 일관되게 이단으로 간주되었습니다.

> 여러분은 하나님의 영을 이것으로 알 수 있습니다. 곧 예수 그리스도께서 육신을 입고 오셨음을 시인하는 영은 다 하나님에게서 난 영입니다. 그러나 예수를 시인하지 않는 영은 다 하나님에게서 나지 않은 영입니다. 그것은 그리스도의 적대자의 영입니다. (요한일서 4:2~3)

삼위일체 논의가 셋이 하나이고, 하나가 셋인 모순되고 복잡한 신학적 주장으로 보임에도 기독교 신앙의 더 깊은 진리를 담은 진술인 것처럼, 육체를 입고 시공간 속으로 찾아오신 예수 그리스도의 모범을 따라 우리도 주어진 시공간을 살아가며 '시간을 초월한 거룩'이 아니라, '시간 속의 거룩'을 추구해야 한다는 말도 의미가 아리송할 수는 있으나 곰곰이 새길 심오한 신앙의 진술입니다. 이는 단순한 성속이원론이 아니라, 성육신과 부활을 제대로 담아내는 삶이 어떤 것인지 찾아가는 작업입니다. 또한 피와 땀과 눈물, 혹은 오욕칠정五慾七情이 어우러진 일상사의 장을 중요하게 여겨야 한다는 말입니다. 기독교 신앙은 이 땅의 삶을 저급하게 여기고, 초월적 이데아의 세계로 비약하지 않습니다. 오히려 지금 여기에서 끊임없이 변화하고, 찰나와 찰나에서 의미를 발생시킬 수 있는 삶을 붙잡습니다. 변화와 불변, 순간과 영원을 도식적으로 이원화하는 논리로는 기독교 신앙의 핵심이 제대로 포착되지 않습니다. 일견 불가능해 보이는 이 과제가 곧 기독교 신앙의 본령입니다.

이것을 어떻게 담아낼 수 있을까요? 요즘 기독교 신앙에서 일상성의 차원을 강조하는 이야기를 많이 들을 수 있습니다. 과거에 비해 큰 변화가 아닐 수 없습니다. 신앙이란 모름지기 일상적이거나 범상한 것이 아니라, 기이하고 특별한 것이라고 생각하는 습성에 변화가 생기는 조짐입니다. 불치병이 낫거나, 망한 사업에 갑자기 돌파구가 열리거나, 안 풀리는 일에 극적인 반전이 발생하거나 하는 사례가 주로 신앙의 이름 아래 나눠지던 이야기들이었습니다. 그러다보니, 신앙생활을 그런 모험의 연속으로 기대하고 사역자의 삶에 투신하는 경우들이 있습니다. 그런데 사역자의 삶을 지탱하는 현실은 대부분이 지루하고, 볼품없고, 반복적인 일상의 삶입니다. 자신들이 그리던 사역자의 이상과 실제 삶 사이에서 괴리를 느끼는 이들이 적지 않습니다. 몸은 거룩의 영역으로 건너왔건만, 그 거룩하다는 사역의 실제 내용은 세속과 전혀 다르지 않다는 사실을 스스로 해명하지 못하고 사는 것이지요.

그런데, 역사를 잘 돌아보면 세속을 등지고 자신을 전적으로 '거룩한 삶'에 드린 수도자들의 가장 큰 과제가 바로 하루 하루의 삶을 구성하는 문제였습니다. 하루의 일상을 어떻게 구획할 것인가? 시간을 어떻게 구성해야 거룩을 향한 추구를 담아낼 수 있을 것인가? 불교의 성철 스님은 8년간 '눕지 않고 앉아서 도를 닦았다'는 장좌불와長坐不臥의 이야기를 남겼고, 적지 않은 스님들이 안거安居라고 해서 여름이나 겨울에 3개월씩 집중적인 수련을 하기도 합니다. 기독교의 수도원 전통에서도 다양한 전례나 수행을 해왔습니다. 하루 3~7회에 이르는 기도의 시간 외에도 노동과 공부와 식사 시간이 배분되어 있었습니다. 멀리서 보면 세속을 떠나 전적으로 성스러움의 영역에 참여하는 듯 보이지만, 그런 수도생활도 먹고, 자고, 공부하고, 노동하는, 일상적 삶을 재배치한 것에 불과합니다. 수행하면서 일어나는 내적 갈등과 관계의 고민들이 결코 세속사회에서 우리가 겪는 것과 본질적으로 다르지 않습니다. 수도생활이란 매우 특별한 시공간의 경험이지만, 결국은 세속의 생활에서 경험하는 다양한 문제와 긴장을 수행의 공간에 압축해놓은 것입니다. 수도원이 영구적인 신앙의 비닐하우스가 아니라면, 거기에서 수련한 것이 검증되어야 하는 장은 비닐하우스 바깥의 세속 세계일 겁니다.

'세속성자'의 삶에서 이 대목은 중요합니다. 세속성자란 거룩의 문제를 다루면서 '세속성'을 무턱대고 부정하거나 거부하지 않습니다. 오히려 세속성을 직시할 때라야 거룩에 이르는 길을 찾을 수 있다는 역설에서 시작합니다. 특히 시간의 차원은 중요합니다. 시간에 속한다는 것은 늘 변하고, 부패하기 쉽고, 결함이 많은 상태를 인간 삶의 기본조건으로 인정하는 것입니다. 이 제약을 떠나서 인간은 살지 못합니다. 우리에게 필요한 것은 원초적 삶의 조건을 부정하는 것이 아니라, 그 한계성을 인정하고 이와 더불어 살되 이를 넘어설 다른 가능성을 추구하는 삶입니다. 이 세계 내에는 영속적으로 거룩한 곳도, 영구히 부정한 곳도 존재하지 않습니다. 오히려 이 모든 것은 시간을 따라, 때가 되면 변합니다. 이 대목에서는 전도서의 지혜가 더 진실에 가깝지 싶습니다.

모든 일에는 다 때가 있다. 세상에서 일어나는 일마다 알맞은 때가 있다.

태어날 때가 있고, 죽을 때가 있다. 심을 때가 있고, 뽑을 때가 있다.

죽일 때가 있고, 살릴 때가 있다. 허물 때가 있고, 세울 때가 있다.

울 때가 있고, 웃을 때가 있다. 통곡할 때가 있고, 기뻐 춤출 때가 있다.

돌을 흩어버릴 때가 있고, 모아들일 때가 있다.

껴안을 때가 있고, 껴안는 것을 삼갈 때가 있다.

찾아나설 때가 있고, 포기할 때가 있다. 간직할 때가 있고, 버릴 때가 있다.

찢을 때가 있고, 꿰맬 때가 있다. 말하지 않을 때가 있고, 말할 때가 있다.

사랑할 때가 있고, 미워할 때가 있다. 전쟁을 치를 때가 있고, 평화를 누릴 때가 있다.

사람이 애쓴다고 해서, 이런 일에 무엇을 더 보탤 수 있겠는가?

이제 보니, 이 모든 것은, 하나님이 사람에게 수고하라고 지우신 짐이다.

하나님은 모든 것이 제때에 알맞게 일어나도록 만드셨다.

더욱이, 하나님은 사람들에게 과거와 미래를 생각하는 감각을 주셨다.

그러나 사람은, 하나님이 하신 일을 처음부터 끝까지 다 깨닫지는 못하게 하셨다.

이제 나는 깨닫는다.

기쁘게 사는 것, 살면서 좋은 일을 하는 것, 사람에게 이보다 더 좋은 것이 무엇이랴!

사람이 먹을 수 있고, 마실 수 있고, 하는 일에 만족을 누릴 수 있다면,

이것이야말로 하나님이 주신 은총이다.

이제 나는 알았다. 하나님이 하시는 모든 일은 언제나 한결같다.

거기에다가는 보탤 수도 없고 뺄 수도 없다.

하나님이 이렇게 하시니 사람은 그를 두려워할 수밖에 없다.

지금 있는 것 이미 있던 것이고, 앞으로 있을 것도 이미 있는 것이다.

하나님은 하신 일을 되풀이하신다. (전도서 3:1~15)

'때를 읽어가는 삶'이 세속성자의 삶을 설계하는 더 중요한 축입니다. '공간의 신앙'은 거룩의 영역이 세속의 영역을 정복conquer하고 확장expand하는 것을 중요한 과제로 인식합니다. 안팎은 대립되고 대조되는 가치를 대표합니다. 그러나 '시간의 신앙'은 한편으로는 때를 기다리는 인내endurance로 특징지어지고, 다른 한편으로는 종말론적 가치를 선제적으로 향유하는 예기prolepsis를 추구합니다. 세속성자는 '마지막 날이 도래하기 전까

지는 모두가 다 죄인'임을 인정하며 기다리되 동시에 '용서받고 화해된 공동체를 미리 살아내는 삶'을 과제로 여깁니다. 세속성자는 궁극의 시간 개념을 갖고 찰나를 사는 존재를 부르는 다른 이름입니다.

세속성자가 신앙을 표출하고 향유하는 장을 일상이라고 여기면 곧 라이프스타일의 문제가 신앙생활의 전면적 과제로 대두됩니다. 교회 일을 얼마나 많이 하느냐가 아니라, 일상을 구체적으로 어떻게 살 것인가가 곧 신앙생활 그 자체가 되기 때문입니다. 세속에서 성스러움을 추구한다는 것은 곧 추상에서 구체로, 영원에서 찰나로 이동하면서 특정한 삶의 방식, 성품, 공동체 등의 형성으로 귀결되게 마련입니다. 세속의 장과 교섭하지 않는 신앙을 우리는 알지 못합니다. 그러나 동시에 우리는 그런 형성물이 임시적^{temporary}이란 사실도 충분히 인식합니다. 우리는 마치 모래 위에 그린 그림이 영원하지 않음을 알면서도 의미를 담아 그림을 그리는 사람들과 같습니다. 율법을 초역사적이고 초공간적인 절대규범이 아니라 지속적으로 생성 소멸하는 유한한 규범으로 보았더라면 많은 것이 달라졌을 것입니다. 그랬더라면 정말 중요한 율법의 정신은 주어진 규정을 무조건 준수하려는 열정과 헌신에 달린 것이 아니라, 규정의 입법과 폐지의 때를 놓치지 않는 감수성의 형성 여부에 달려 있음을 알았을 테지요.

오늘 밥을 먹어도 내일 또 배가 고픕니다. 어제 먹은 밥으로 오늘의 허기를 달랠 수 없습니다. 매일 밥이나 먹다가 죽는 것이야말로 더할 나위 없이 무의미한 삶처럼 보이지만, 그것이 육체를 입은 인간에게 주어진 삶의 조건입니다. 주기도문에서는 그래서 '일용할 양식'을 두고 기도하라고 가르칩니다. 예사롭지 않는 일깨움이지요. 하루 분의 식량. 어제의 것도 아니고, 내일의 것도 아닌, 오늘 하루를 위한 식량을 두고 감사하는 삶이란 어떤 것일까요? 저는 거기에 찰나/순간을 포착하는 기독교 신앙의 '세계 내 경건' 혹은 '세속에 스며든 거룩'을 발견합니다. 오늘의 밥을 먹는 행위는 그토록 거룩한 일이며, '신비스런 일상'이며, '지상에 내려온 하늘'입니다. 먹고 마시는 행위를 성스럽게 수행할 수 있는 이라야 세속성자입니다. 그리고 그것을 충실한 '하루치' 삶으로 살아갈 수 있다면 그런 사람이야말로 기독교 신앙의 중요한 핵심을 깨우친 사람이 분명합니다. 먹고 마십시다. 이로써 거룩을 노래합시다.

라이프스타일

우리는 어떤 사람의 신앙에 대해 그의 신학이나, 전제가 무엇인지 묻는 경우가 많지만, 성경은 '열매를 보아 그 나무를 안다'고 했습니다. 최종 결과물이 우리가 누구인지를 더 잘 말해준다는 뜻이겠지요. 그런 면에서 우리는 세속성자를 논하는 작업이 그들의 신학적 경향이나 인문학적 지향을 확인하는 방식보다는 구체적으로 어떤 삶을 사는지부터 거꾸로 구성해나가는 것이 더 나을 수 있다는 생각을 합니다.

일반적으로 '라이프스타일'은 음식, 건강, 패션, 레저, 여행, 예술, 대중문화, 독서, 공연, 취향, 성, 취미 등을 포함하는 포괄적인 용어입니다. 신문이나 잡지 등에서 정치, 경제, 사회, 문화 섹션 외의 나머지 모두를 '라이프스타일'이란 표제 아래 모은 편집을 쉽게 볼 수 있습니다. 정치, 경제 등의 사회적 제도는 전문가 집단의 영역이 분명하고 거시적인 것에 영향을 받는 데 반해, 라이프스타일은 훨씬 더 개인적인 취향이나 선택 같은 미시적 차원에 영향을 받는다는 차이가 있습니다.

다시 한번 강조하지만, 거시적 담론 이상으로 미시적 욕망을 다루는 역량이 중요한 문제가 되었습니다. 현대 사회에서 라이프스타일에 영향을 주는 가장 결정적 지표는 소비입니다. 어디에 돈과 시간을 쓰는가를 보면 그가 어떤 사람인지를 알 수 있습니다. 자본주의를 체제의 차원에서 비판하기는 쉬울지 모르나, 일상의 차원에서 비판적 일관성을 유지하기는 결코 쉽지 않습니다. 맘몬의 무소부재한 영향력은 단순히 말로 부정할 수 있는 수준이 아닙니다. 물론 소비에 대한 해독제로 금욕이나 절제, 혹은 '단순한 삶의 양식'simple lifestyle을 대안으로 소개할 수는 있지만, 좀더 생각해볼 지점이 있습니다. 단순히 소비를 줄이고 욕망을 억누르는 게 능사가 아니라, 욕망을 행사하는 적설한 감각을 형성하는 차원이 더 근본적 문제니 말입니다. 그리스도인들은 욕망을 억누르라는 이야기에 익숙하다보니 향유의 문제는 전면적으로 고민하지 않았던 것 같습니다. 욕망을 부정적으로만 인식했기 때문입니다. 이 욕망의 다른 이름은 '사랑'love이기도 합니다. 그것은 단순히 '소유 욕구'에만 관련된 것이 아니고, 더 깊이는 자신이 누구인지 확인하는 '인정 욕구'와도 관련이 있고, 자신이 좋다고 생각하는 삶을 추구하고, 그런 삶을 추구하는 사람들과 서로 격려도 하고 경쟁도 하며 이를 확인하려는 열망까지도 담겨 있습니다.

사회학자 미셸 마페졸리Michel Maffesoli는 우리가 '개인의 시대'가 아니라 '부족'tribe 의 시대를 살고 있다고 말합니다. 비슷한 부류간에 접속하고, 공감하고, 상호 인정하는 것이 중요해진 시대, 한국의 그리스도인들은 어떤 종류의 삶에 구체적으로 공감하고, 어떤 삶을 추구하고 있을까요? 자신의 삶을 기독교적 가치에 부합하는지 꾸준히 성찰하고, 발전시켜나가려는 시도들이 전면적인 과제로 제안될 수는 없을까요? 이를 위해 철폐하거나 절제해야 할 일은 무엇이며, 적극적으로 향유하고 공유할 것은 무엇인지 어느 정도 합의할 수 있을까요? 이런 질문들이 세속성자들이 절실하게 던져야 할 물음들 아닐까요? 우리가 기독교적 가치를 추구하는 데에 명품백이나 브랜드 운동화를 원하는 마니아들만큼의 간절함과 열렬함도 없다면, 신앙이란 얼마나 허망한 장식품입니까?

일상의 미시적 행동을 규율하는 것은 매우 효과적인 통제수단이기도 합니다. 교회 공간은 전통적으로 이런 미시적 통제가 가장 잘 관찰되고, 관철되는 장이기도 했습니다. 일상의 차원에서 작동하는 미시권력이 행사하는 권력의 장치를 탁월하게 비판해냈던 미셸 푸코Michel Foucault가 '훈육 권력' 혹은 '사목 권력'pastoral power이라고 명명했던 대표적 공간이 학교school와 교회church였습니다. 세속성자의 라이프스타일을 논하는 데에는 그것의 형성construction만큼이나 이미 작동하는 기존의 것을 해체deconstruction하는 과제도 중요합니다. 이미 찌들어 있는 특정한 생활양식이나 스타일을 벗어나려면 의식적으로 삶의 조건을 성찰해야 합니다. 그러지 않으면 그런 삶을 정당화하는 폐쇄회로 내부로 매몰되기 십상입니다. 신앙은 성도가 현실에서 드러내는 정치, 경제, 사회, 문화적 태도나 관심사 너머에 존재하지 않습니다. 사도 바울이 잘 지적했듯이 성도의 최대 실존적 관심사는 '이 시대의 풍조를 본받지 말고do not conform to this age 마음을 새롭게 함으로 변화를 받아서being transformed'(로마서 12:2) 하나님의 뜻에 맞게 그의 전인격이 변화되는 것입니다. 한 시대의 정형화된 가치체계에 끼워 맞추지 말고, 역동적이고 창의적인 변화를 추구해야 합니다. 우리가 역사에서 배워야 할 뼈아픈 교훈은 교회가 당대의 지배적 가치관과 생활양식을 기독교 신앙의 이름으로 정당화해온 기나긴 이력을 부정할 수 없다는 사실입니다. 세속 성자로 살겠다는 말은 그런 과거의 시행착오를 무분별하게 반복하지 않겠다는 다짐을 뜻합니다. 신앙고백만으로 신앙의 진정성이 자동으로 확보되지 않기에 늘 자신의 말과 행동이 하나님의 뜻에 근접하는지 되새겨보는 지속적인 훈련 과정에 기꺼이 진입하겠다는 결단입니다.

이 문제는 어떤 때는 비교적 단순한 개인의 문화적 실천 차원에 적용되지만, 어떤 때에는 국가, 전쟁, 민족, 사회 등의 차원에서 생사를 건 선택으로 요구당하기도 했습니다. 지금 한국의 그리스도인들은 기존의 스타일을 해체하고, 새로운 라이프스타일을 형성해야 하는 과제 앞에 있습니다. 가장 큰 과제는 '소비'일 듯합니다. 돈을 어떻게 벌어서 어디에 쓰는가? 우리는 헌금 열심히 하라는 이야기 말고는 별로 이 주제를 다뤄보지 못했습니다. '정치'도 핫이슈입니다. '개신교는 우파인가?'라는 질문은 미국에서도 그렇고 한국에서도 뜨겁습니다. 제대로 된 답을 들어본 적이 없습니다. 역사적 경로와 더불어 사회적 책임을 되새기며 책임 있게 답할 주제입니다. 한반도의 통일과 평화 문제 역시 기독교 신앙이 선구적 역할을 했던 분야인데, 많이 퇴색되고 금기의 주제로 바뀐 느낌입니다. '젠더' 이슈는 이미 논란거리이지만, 역사적으로 여성과 소수자에게 가장 친화적 감수성을 보여주었던 기독교는 어디로 가버린 걸까요? '문화' 영역에서 세속성자들은 어떻게 창의적 자기표현과 섬세한 향유의 든든한 지지자일 수 있을까요? 한국의 세속성자들 모두가 동일한 라이프스타일을 채택하지는 않을 것입니다. 그것은 여전히 미지의 것(X)이고, 끊임없이 시대를 읽어가며 스스로 거스르고 조화하며 변형을 거듭해갈 것입니다.

한국 개신교의 미래는 자신들의 삶의 양상을 스스로 형성해 나갈 수 있는 세속성자들이 등장하느냐 그렇지 않느냐에 전적으로 달려 있습니다. 기독교 신앙은 단순히 제도의 성벽 안쪽에 있다고 해서 안전하게 보호되지 않습니다. 자기의 말을 하고, 자기의 취향과 선택을 따라 자신의 삶을 한껏 살아내는 생기 넘치는 세대의 등장을 기대합니다. 지금 세속성자가 간절히 필요한 이유입니다.

2부

불가능한 것들

The Impossible

5. 믿음

– 나는 믿지 못합니다

너희는 마음에 근심하지 말아라. 하나님을 믿고 또 나를 믿어라.

—요한복음 14:1

나는 못/안 믿겠습니다

세속성자 모임에 오시는 분들 중 적지 않은 수가 믿음의 위기를 겪은 분들입니다. 이분들의 이야기를 듣다보면, 한국 땅에서 신앙을 갖는다는 것은 곳곳에 기다리는 복병을 넘어서야 하는 난관임을 실감합니다. 무엇보다 믿음을 '크다, 작다'며 비교하고 성도들이 눈 질끈 감고 마음만 불끈 먹으면 되는 문제인양 독려하는 한국 교회의 분위기는 믿음에 대한 심각한 왜곡이 분명합니다. 믿음을 자기암시와 혼동하고, 반복강화를 통해 강해지거나 커질 수 있다고 주장한다면 정말 문제의 원인을 엉뚱한 데서 찾는 것입니다. 많은 이들이 '저는 믿음이 작아서요'라며 신앙생활에 기가 죽어 있습니다. 이런 이유로 신앙생활을 자기 자신의 주체적 책임보다는 권위자에게 쉽게 순종하며 묻어가려는 경향을 보입니다. 그리고 믿음이 강하다며 큰소리 뻥뻥 치는 사람들의 허세에 쉽게 주눅듭니다. 그러나 이런 시대에 믿음을 갖는다는 것은 결코 쉬운 일이 아닙니다.

우리는 무엇보다 먼저 '나는 믿지 않습니다' 혹은 '나는 믿을 수 없습니다'는 고백을 하는 이들의 상황을 진지하게 살펴보는 데에서 시작해야 합니다. 이런 이야기는 사람들의 심성이 완악해졌다는 이야기가 아닙니다. 첫째로, 이것은 믿을 수 있는 대상이 없다는 말입니다. 허다하게 뉴스를 장악하는 친족살인, 유기, 배신 등의 스토리는 가장 가까이 있는 존재에게서도 버림받거나 배신당하는 일이 비일비재하다는 사실을 잘 보여줍니다. 부모, 형제, 친구, 배우자에게 '어떻게 나한테 그럴 수가 있지? 왜 나한테 그랬지?' 묻고 또 묻게 되는 사건들이 있습니다. 윗세대가 아랫세대에게 배신당하거나, 아랫세대가 윗세대에게 착취당하는 경우도 셀 수 없이 많습니다. '이건 정당하지 않잖아요, 이건 아니잖아요?'를 되뇌는 경우가 수도 없이 발생합니다. 사회나 국가로부터 외면당하기도 합니다. '이게 나라냐?'는 지난 몇년간 한국 사회가 절치부심 곱씹었던 구호입니다. 나라가 외면한 난민들이 있습니다. 중국을 거쳐 어렵게 남한으로 들어온 3만여 명에 이르는 탈북자들, 유럽으로 쏟아져 나오는 시리아 난민들, 내전으로 유랑하고 있는 아프리카의 여러 민족들이 있습니다. 국제구호기구가 손을 놓으면 집단학살이나 굶주림을 피할 수 없는 사람들이 많습니다. 이런 척박한 삶의 조건에서는 믿기보다는 믿지 않기를 선택하는 것이 전략적 지혜일 것입니다.

둘째는 곰곰이 돌아보면 나도 내 자신을 믿기 어렵기 때문에 나오는 말입니다. 비겁하고, 무정하고, 무책임합니다. 자기정당화에 능합니다. 자신의 잘못은 잘 잊어버리고 책임전가에 능합니다. 그래서 종종 무의식적으로 거짓말을 하게 됩니다. 내 자신을 믿을 수 없습니다.

네살배기 조카는 떼를 쓰다 못해 아예 마트 바닥을 데굴데굴 굴러버렸다. 아버지와 엄마는 바둥거리는 손자를 겨우겨우 들쳐안고 사람들 사이를 빠져나왔다. 그래도 생떼는 그칠 줄 몰라서 급기야 아버지가 녀석의 엉덩이를 한 대 때려주고야 말았다. 애애애앵, 조카는 서럽게 울음을 터뜨렸고 그 울음소리보다 더 크게 엄마가 소리를 질렀다. "아니, 애를 왜 때리고 그래요?" 좀 맞아도 싸다고 생각했던 나는 뜨악한 눈으로 엄마를 쳐다보았다. 엄마는 몹시 흥분해 있었다. "나는 딸 셋을 키웠지만 한 번도 손은 안 댔어. 애를 어떻게 때려. 뭘 안다고."

그 말에 그만 내 입에서 푸핫핫 웃음이 터지고 말았다. 엄마가 안 때리고 우리를 키웠다니. 돌이켜보면 그렇게 심한 말썽쟁이도 아니었는데 나는 플라스틱 빗자루를 들고 달겨드는 엄마를 피해 골목으로 달아난 적도 있었다. 빗자루가 눈에 후딱 띄지 않으면 엄마는 아무 거나 손에 잡히는 대로 들고 철푸덕철푸덕 엉덩짝을 때렸다. 숙제를 빨리 해놓지 않았거나 밥그릇을 깨끗이 비우지 않았거나 종이인형을 몰래 사모으다 걸렸거나 하는 이유들이었다. 다락에 갇힌 적도 있었다. 나는 온갖 잡동사니들이 모여 있는 다락에서 혼자 노는 것을 참 좋아했는데, 막상 갇히고 나면 그렇게 무서울 수가 없었다. 내가 마지막으로 맞은 건 불과 몇년 전이다. 목덜미에 나비 문신 새긴 걸 들킨 거다. 그날 나는 진짜 등짝을 엄청나게 맞았다. 그래놓고는 저렇게 시치미라니.

2016년 9월 20일자 『한국일보』에 김서령 작가가 쓴 「애를 왜 때리고 그래요」라는 칼럼의 한 부분입니다. 저는 터져나오는 웃음을 억누르며 이 칼럼을 읽었는데, 누구도 자기 자신을 과신하면 안 됩니다. 자기가 자기를 속입니다. 과거는 다 아름답게만 기억됩니다. 가해자의 기억과 피해자의 기억은 동일하지 않습니다.

셋째, 그런데 '아무것도 믿지 않는다'는 말은 종종 '아무거나 믿는다'가 되기 십상입니다. 믿을 대상도 없고, 자기 확신도 없는 이들은 '엄정한 무신론자'가 되기보다는 아무거나 믿는 '막신론자'가 되기 쉽습니다. '거식증'이나 '과식증'이나 건강을 해치기는 마찬가지입니다. 아무것도 믿을 수 없는 세상이고 나 자신도 나를 믿지 않기 때문에 우리는 소수의 무신론자와 대다수의 막신론자 사이에서 믿음의 위기에 처해 있습니다. 이런 가운데 오늘날 한국 교회의 부조리한 현실은 믿음의 위기를 확대, 심화시킵니다. 교회가 별로 미덥지 않은 것이지요. 다니던 교회에서 자기 신앙은 지켜야겠다는 생각을 갖고 떠나기로 결심하는 '가나안 성도'가 늘고 있는 이유입니다.

믿음의 위기는 바깥으로부터가 아니고, 언제나 내부로부터 시작됩니다. 믿을 대상이 없는 현실과 나 자신도 믿을 수 없는 상황을 넘어설 어떤 단초를 성경과 기독교 신앙의 역사 속에서 발견할 수 있을까요? 저는 우리가 믿음의 불가능성을 먼저 인식한 후에라야 비로소 믿음을 이야기할 수 있는 가장 원초적 토대에 이른다고 생각합니다. 우리는 믿음을 성실성의 문제, 즉 얼마나 성실하게 수행하느냐에 달린 것처럼 생각합니다. 그러나 저는 믿음은 원래 불가능한 문제라고 봅니다. 믿음만 불가능한 게 아닙니다. 신앙의 핵심적 행위들은 원래 다 불가능합니다. 믿음, 기도, 예배, 전도… 어느 것 하나 자연적으로 가능한 일이 아닙니다. 그것은 어떤 행위를 하면 자동으로 효과를 발생시키지 않습니다. 사람과 사람 사이에도 소통이란 힘든 문제입니다. 소통의 귀재들도 정작 자기 자신은 심각한 소통 문제를 겪는 경우가 다반사입니다. 그런데 하물며 신과의 소통, 교감이 자동적으로 이루어진다고 생각한다면, 그것은 어마어마한 왜곡이고, 그렇게 말하는 이들은 허세가 가득한 사람이 아닐 수 없습니다.

믿음의 불가능성

'믿는다'는 말은 두 가지를 동시에 따져야 합니다. 한편으로는 믿음의 대상이 '믿음직'credible한가 물어야 하고, 다른 한편으로는 혹시 믿는 주체가 아무거나 '쉽게 믿는'credulous 것은 아닌지 물어야 합니다. 이 중에서 믿는 주체와 관련된 대목을 먼저 살펴보면, 서양 철학자들은 이성logos을 통한 엄밀한 검증을 거쳐 도달한 결과를 '인식'episteme이라고 부르며 이것을 참된 지식이자 보편적 진리로 간주했습니다. 그러니 이들이 보기에 종교를 갖는다는 것은 그런 엄밀한 과정을 방기하는 행위일 뿐이었습니다. 그래서 신자들이 믿음pistis을 통해 받아들이게 된 내용은 '억견'臆見, doxa이라고 했습니다. 참된 지식으로 여기기에는 신뢰도가 떨어지는 '의견' 정도로 여긴 것이지요. 너는 그렇게 생각할 수 있지만 모두가 거기에 동의할 정도의 엄정한 진리값으로는 받아들일 수는 없다는 태도입니다. 근대적 의미에서 진리란 이

성적 검증을 통과한 연후에만 도달할 수 있기에 믿음을 통해 도달한 것은 2급의 진리에 불과합니다. 그래서 '당신이 사적으로 그렇게 믿는 것은 존중해줄 수 있으나, 그것을 공공의 영역에서 권위를 갖고 발설하거나 주장해서는 안 된다'는 식의 근대적 공사 구분이 나오는 것이지요. 종교란 사적인private 영역에 속한다고 본 것입니다.

'믿는다'는 말은 진리를 탐색하는 과정을 뜻합니다. 그것 아닌 다른 것이 될 수 없습니다. 그러므로 서구에서 통용되는 방식대로 신앙과 믿음을 2급 진리이자 사적인 의견으로 간주해선 곤란합니다. 근대적 의미에서는 이성적 검증만이 진리에 이르는 유일한 길이었지만, 탈/후기 근대에는 그 이성의 유효성이 의심받고 있습니다. 믿는다는 말의 의미가 근대적 의미를 넘어서서 유효한 진리값을 갖는가 되물어보지 않을 수 없습니다. 그리고 예수를 믿는다는 것을 탈/후기 근대의 논의 위에서 다시 그려내면서 어떤 새로운 의미를 전해주는지 보자는 것입니다.

우리는 기독교 신앙에서 믿음을 이야기할 때, 너무 오랫동안 어떤 교리를 수용하느냐, 마느냐의 문제로 여겨왔습니다. 『사영리』같은 전도책자에서 설명하는 내용을 받느냐, 마느냐가 믿느냐 마느냐를 판가름한다고 생각했습니다. 믿음이란 우리가 마땅히 받아들여야 할 어떤 사실, 주장, 신념의 형태로 제시됩니다. 의지를 발휘해서 그 내용을 영접하고, 수용하고, 인정하는 문제였습니다. 그래서 대부분의 경우 '믿음'은 우리가 수용할 내용에 달려 있다고 생각했습니다. 그 내용은 매우 명사적이고, 특정하게 설명된 개념과 논리의 집합입니다. 그런데 '믿음'은 명사보다는 동사로 이해하는 편이 낫습니다. 물론 성경에 '믿음' '믿다' '믿을 만한' 등 품사별로 단어가 다 등장하지만, 믿음의 속성을 한번 동사적으로 새겨보자고 제안합니다. 즉 믿는다는 개념을 고정된 것이 아니라 끊임없이 변화하는 역동적이면서도 지속성을 갖는 어떤 것으로 보자는 것입니다. 이것은 이론도 그렇고, 우리의 실재에서도 요청되는 필요 때문에 그렇습니다.

칼 바르트Karl Barth라는 신학자는 일찍이 "신학이란 새장 속의 새가 아니라, 날아가는 새에 비유할 수 있다"고 말한 바 있습니다(『개신교신학 입문』, 복있는사람 2014). 신앙을 기술하는 신학이란 학문은 마치 '날아가는 새'를 그리려는 것과 같다는 것인데, 날아가는 새를 매 순간 정지된 이미지로 그릴 수는 있지만, '새의 날아감' 그 자체는 그림으로 묘사할 방법이 없습니다. 자세하게 묘사할수록 그것은 허공에 걸린 정지 그림이자 본질과 실재에 못 미치는 어긋난 그림일 뿐입니다. 우리는 비록 몇장의 그림과 사진을 손에 쥘 수는 있지만, 정작 새의 날아감 그 자체는 쥘 수 없습니다. 그 묘사의 한계를 인식하면서 우리 손에 주어진 것의 한계를 인정하되 그것을 넘어서는 차원을 상상할 때에만 가능합니다. 믿음이란 결코 손에 쥔 정지된 사진들이 아닙니다. 그것들이

지시하는 역동적 실체입니다. 불교에도 '백천간두 진일보'라는 오래된 선어^{禪語}가 있습니다. 『경덕전등록』에 나오는 장사 경잠^{長沙景岑} 선사의 화두로 '백척의 장대 끝에서 한발 더 내딛으라'는 도전입니다.

> 백척 장대 끝에 앉아 있는 그대여 百尺竿頭坐底人
> 깨달은 듯하여도 진짜가 아닐세 雖然得入未爲眞
> 백 척의 장대 끝에서 한발 더 내딛어야 百尺竿頭進一步
> 시방세계와 하나가 될 것이네 十方世界是全身

 필사의 기개로 끊어진 길에서 한발 더 나아가야 깨우침이 있습니다. 기독교의 믿음에는 이런 결기가 없나요? '믿음의 도약'$^{leap\ of\ faith}$은 덴마크의 기독교 철학자 쇠렌 키에르케고르$^{S.\ Kierkegaard}$가 했던 말입니다. 그는 기독교 국가 덴마크에서 자기 혼자만 기독교인인 것 같은 고독감을 느꼈습니다. 기독교가 국교인 사회에서 느끼는 고독, 혹은 고립감은 어쩐 일일까요? 바르트도 그러하고, 불교의 화두도 그러했듯, 언어가 멈추고 논리가 한계에 다다른 곳에서 더 나아가지 않고 그 지점에서 안주하는 순간, 진리는 진리 아닌 것에 자리를 내주고 맙니다. 믿음을 교리의 문자적 수용과 전달로 국한해서 이해해서는 안 됩니다. 문자를 통해 전하고자 하는 그 이야기가 과연 전달될 수 있는지를 물어야 합니다. 신앙의 주체가 자신의 한계를 처절히 인정하지 않고 행하는 모든 것은 신앙에 대한 모독이자 왜곡입니다. 이것이 바로 믿음이 불가능한 이유입니다.

그러므로 믿음은 역설적으로 우리가 신뢰하는 모든 것이 끊어지고 망가질 때 도드라지게 나타납니다. 주체의 조건이나 의지가 뛰어나서 믿음을 선보이는 것이 아니고, 믿을 수 없고 믿어서는 안 되는 순간을 맞닥뜨릴 때에 비로소 믿음의 불가능성이 고스란히 드러나기 때문입니다. 가장 신뢰할 수 있는 관계에 위기가 찾아올 때 우리는 믿음 앞에 섭니다. 그래서 성경에는 부모와 형제 간 버림받는 이야기가 그렇게 많습니다. 예외적인 사건이 아니고 상례에 가깝습니다. 성경에는 소위 말하는 정상적인 가족관계가 그리 많지 않습니다. 그 절정은 하나님이 자신의 독생자를 유기하는 사건에 있지 않습니까? 성경은 우리가 믿음을 갖기에는 너무나 척박한 삶의 조건 속에 있다는 사실을 잘 압니다. 그래서 바로 그런 현장에서 믿음이 가능한가를 묻고 있는 것입니다. 누구도 믿을 수 없고, 자신도 신뢰할 수 없는 세상에서 믿음이 가당하기나 한가 되묻고 싶다면 성경을 들여다볼 일입니다. 거기에 최악의 상황이 다 나옵니다. 그런 세상 속에서 희망에 대해, 희망의 근거에 대해 묻고 답하고 있다면 참고할 만하지 않을까요?

믿음에는 늘 '신앙의 고투'가 있습니다. 비루한 자신과의 오랜 싸움을 해온 이들의 이야기가 바로 성경이 기록한 '믿음의 조상들' 이야기입니다. 이들은 말할 수 없는 과거와 싸워 살아남은 자들입니다. 일방적으로 짓밟혀 떠밀려가지 않고 기어이 싸워서 돌아온 이들입니다. 우리는 그들을 단지 '믿음의 조상'이라 기억하지만, 이들은 저마다 자기 싸움을 해온 이들입니다. '믿음의 조상' 아브라함과 그의 아들 이삭은 행복한 가족이었을까요? 이삭은 아버지에 의한 '친족살인 미수 피해자'였습니다. 꿈 해몽의 왕자이자 향후 이집트 총리로까지 발탁되는 요셉의 경우는 어떠한가요? 성추행범으로 억울하게 구속된 전과기록이 있는 자입니다. 하나님과 겨루어 '이스라엘'이란 영광스런 이름을 얻었던 야곱은 어떠합니까? 가정파탄의 파란만장한 피해자입니다. 부모가 각각 장남과 차남을 편애했고, 이는 결국 가족간 상속사기 범죄로 이어졌습니다. 야곱은 가출한 청소년이 되었고, 기껏 찾아간 삼촌에게는 노동착취와 취업사기를 당합니다. 심지어 그는 사랑하는 이(라헬)와 결혼하고자 고된 노동을 견뎠지만, 결혼해보니 신부가 그의 언니(레아)로 뒤바뀌어 있는 결혼사기까지 당합니다. 이 결혼은 평생 당사자 모두에게 문제로 남고 그 이후의 역사까지 영향을 끼칩니다. 성경에는 부모 형제와 갈등하고 버림받는 이야기가 그렇게 많습니다. 이런 내용이 이례적인 것이 아니라 상례가 된 것은 믿음은 그런 삶의 자리를 관통하면서 발견되기 때문입니다. 성경은 이처럼 백척

간두를 통과한 이들의 이야기입니다.

나는 예수 그리스도를 믿습니다

'믿는다'는 말은 주체의 신뢰성과 대상의 신뢰성을 다 문제로 삼는다고 했습니다. 그러므로 '믿는다'를 동사로 받아들이자면 그 주어와 목적어를 챙겨봐야 합니다. 주어, 즉 주체는 믿는 것이 불가능성의 범주에 속한다는 것을 알고 그 불가능성을 향해 자신을 투신하는 주체라고 했습니다. 그렇다면 목적어, 즉 믿음의 대상은 무엇입니까? 이 질문에 성경은 "주 예수를 믿으시오. 그리하면 그대와 그대의 집안이 구원을 얻을 것입니다"(사도행전 16:31)라고 말합니다. "다른 아무에게도 구원은 없습니다. 사람들에게 주신 이름 가운데 우리가 의지하여 구원을 얻어야 할 이름은, 하늘 아래에 이 이름밖에 다른 이름이 없습니다"(사도행전 4:12)라고도 말합니다. 왜 그렇습니까? 그냥 배타적인 종교적 주장입니까? 아닙니다. 일찍이, 하나님을 본 사람은 아무도 없습니다. "아버지의 품속에 계신 외아들이신 하나님께서 하나님을 알려주셨"습니다(요한복음 1:18). 이 땅에서 하나님이 어떤 분인지를 아는 방법은 예수를 통하는 방법밖에 없기 때문에 그렇다는 얘기입니다. 그 예수가 어떻게 살고, 죽고, 부활했는가에 하나님이 누구인지 가장 잘 드러나 있기 때문에 그렇습니다. 예수를 믿는다는 말은 그를 용한 무당이나, 부적이나, 토템의 대상으로가 아니라, 예수가 보여준 삶의 가르침, 교훈, 행동을 낱낱이 본받는다는 의미입니다. 그를 단지 예배의 대상으로만 여기지 않고 사랑의 대상으로도 여기는 것입니다. 그와 같이 되고 싶고, 그와 같이 있고 싶고, 그와 같이 살고 싶어지는 것을 말합니다.

중세 최대의 고전 『그리스도를 본받아』 Imitation of Christ가 이런 열망을 잘 보여줍니다. 보수적인 신학 입장에서는 그리스도의 십자가를 인간의 죄에 대한 대속 penal substitution 으로 여기는 해석을 최고로 칩니다. 그러나 여러 학자들이 지적하듯 여기에는 십자가의 다양한 측면이 다 드러나지 않습니다. 예수의 죽음이 죄를 사하는 효력있는 희생제물 sacrifice 이란 해석이 곧 예수의 삶, 즉 그의 가르침과 인격적 실천을 모범 example 으로 삼아 따르는 것을 배제할 이유가 없습니다. 아니 오히려 십자가를 예수의 삶의 결정체이자 최고의 모범으로 이해하는 것이 옳습니다. '그리스도의 믿음' faith of Christ 으로 구원받는다는 말은 우리가 예수 그리스도를 믿어야 한다는 말이면서, 오늘날 여러 학자들이 새롭게 일깨우듯 '그리스도의 신실함' faithfulness of Christ 이 우리 믿음의 내용이란 말이기도 합니다. 믿음이란 그 예수가 보여준 믿음/신실함을 따르는 것입니다. 우리 믿음의 대상이 온전한 예수 그리스도에서 벗어나면 언제나 우상숭배가 됩니다. 믿음의 대상을 총체적으로 받아들이지 않고, 편의에 따라 부분만을 섬기는 태도는 우상숭배로 전락하기 쉽습니다.

믿는다는 것은 결코 남이 대신해줄 수 없습니다. 출산과 죽음과 고통에는 오직 그 자신만이 감당해야 하는 고독함이 있습니다. 믿음은 본질적으로 '개인'에게 묻습니다. 더구나 개신교는 '신앙을 개혁했다'는 의미의 개신교^{改新敎}이지만, 동시에 '개인의 신앙'이란 의미에서 개신교^{個信敎}이기도 합니다. 종교개혁의 후예인 존 밀턴$^{John\ Milton}$은 '개인으로서의 교회'$^{church\ as\ an\ individual}$를 말하면서, "신앙은 본질적으로 개인에게 속한 것이다. 이 중요한 것을 어떻게 사제들과 교회의 제도에 전적으로 의탁해놓을 수 있단 말인가"라고 개탄했습니다. 믿음은 너무나 소중하기에, 누구도 대신해줄 수 없기에 한사람 한사람이 최종적인 책임을 져야 합니다. 어떤 교회에서는 성도들을 바겐세일에 물건 사러 나온 이들인양 설교자의 말이 무슨 내용인지 확인도 하지 않고 눈먼 순종과 눈먼 신앙을 장려하기도 합니다. 그것은 무책임한 처사입니다. 자신의 인감도장을 길거리에 던져놓고 아무나 아무렇게나 써도 괜찮다고 하는 사람은 결코 없을 겁니다. 그런데 우리는 신앙을 놓고는 이런 무책임한 위임을 너무나 쉽게 해버리고 있습니다.

마지막으로 믿음이 동사라면 시제가 있다는 사실을 주의해야 하겠습니다. 믿음은 영원불멸한 가치이지만 정작 그 '믿는다'는 동사는 찰나필멸의 인간적 실존과 연동되어 있습니다. 이를 쉽게 외면하면 안 됩니다. 우리가 따라야 할 대상은 시간 속으로 들어와 인간들과 호흡을 함께한 분입니다. 그를 따르는 이들이 시간의 검증과 성숙의 과정을 경시하지 말아야 할 이유입니다. 우리에게 믿음은 단 한번으로 종료되지 않고 과거, 현재, 미래의 시간을 따라 변화와 더불어 진행되는 사건입니다. 오죽하면 사도 바울이 "그리하여 나는 어떻게 해서든지, 죽은 사람들 가운데서 살아나는 부활에 이르고 싶습니다. 나는 이것을 이미 얻은 것도 아니며, 이미 목표점에 다다른 것도 아닙니다. 그리스도[예수]께서 나를 사로잡으셨으므로, 나는 그것을 붙들려고 좇아가고 있습니다"(빌립보서 3:11~12)라고 했겠습니까? 믿음의 경주는 최선을 다해 뛰어야 하는 인생의 마라톤입니다. 어제의 믿음으로 오늘을 대신할 수 없고, 오늘의 믿음으로 미래를 장담할 수 없습니다. 세속성자에게 믿음이란 시간과 더불어 살아가는 것입니다.

6. 기도

—마땅히 빌 바를 알지 못하나

> 이와 같이, 성령께서도 우리의 약함을 도와주십니다.
> 우리는 어떻게 기도해야 할지도 알지 못하지만,
> 성령께서 친히 이루 다 말할 수 없는 탄식으로,
> 우리를 대신하여 간구하여주십니다.
>
> —로마서 8:26

기도는 3불三不이다

신앙생활에서 기도가 제일 어렵습니다. 기도는 응답을 전제하고 하나님 앞에 나아가는 행위이기 때문에 더욱 그러합니다. 그리스도인들이 느끼는 열등감의 영원한 원천이 기도입니다. 그래서 언제나 기독교 출판계의 스테디셀러에는 기도에 대한 이런 저런 책들이 주종을 이룹니다. '응답받는' 비결, '능력 있는' 기도 등등이 기도를 떠올릴 때 같이 등장하는 '연관 검색어'입니다. 물론 기도는 모든 종교에 존재하는 행위입니다. 신에게 치성을 드리는 행위는 그에 상응하는 보상을 늘 염두에 두고 이뤄집니다. 혹은 신을 믿지 않더라도 잡념을 없애고, 자신의 내면을 정돈하며, 정신을 집중하고 몰입하기 위해서 기도를 드리기도 합니다. 그러다보니 기독교 신앙에서도 이런 종교 일반의 기도 관행이 여러 방식으로 결합되어 있습니다. 이런 것이 모두 유해하다고 말할 수는 없겠지만, 기도의 본령을 혼동하게 만드는 문제가 적지 않다고 봅니다.

우리에게 익숙한 광경은 '하늘 보좌를 움직이는 기도'라든지, '땅에서 매면 하늘에서도 매이고, 땅에서 풀면 하늘에서도 풀리는 권능'을 전면에 내세우는 모습입니다. '눈먼 자, 병든 자를 치유하고 일으키는 능력'을 선보이는 기도 사역자는 끊이지 않고 존재해왔고, 그런 흐름도 세월에 따라 활동 방식이 꾸준히 업그레이드되는 듯 보입니다. 이때 기도는 압도적으로 '능력'과 관련됩니다. 그리고 특히 그 기도하는 자가 그런 능력을 구사하는 존재가 될 수 있다는 암시가 강력하게 내포돼 있습니다. 크고, 강하고, 확실한 것에 대한 추구가 일관되게 보입니다.

그러나 기도 앞에서 우리는 몇가지 현실을 인정해야 합니다. 첫째는 무엇보다 '기도는 불가능하다'는 사실입니다. 과연 인간의 탄원이 신에게 가닿는가? 우리는 매번 기도하면서 이 물음 앞에 실존적으로 섭니다. 기도가 신에게 닿지 않는다면, 그것은 우리의 신앙을 밑바닥부터 뒤흔드는 위기를 초래합니다. 닿을 수 없는 신, 혹은 우리가 기도할 수 있는 대상인지 확신할 수 없는 신 앞에서 어떤 신앙이 가능한지 매번 질문하지 않을 수 없기 때문입니다. 기도는 이런 근본적 불안을 안고 시작하는 행위입니다. 신에게서 우리를 향해 어떤 신호가 와닿지 않는 한, 우리는 신의 존재를 확증할 수가 없습니다. 그런 이유로 프랑스의 철학자이자 기독교 사상가인 자크 엘룰Jacques Ellul은 기도에 대한 자신의 글에 『불가능한 기도』The Impossible Prayer라고 제목을 붙였습니다(한글 번역본 『우리의 기도』, 대장간 2015).

물론 우리는 종종 '어린아이와 같은 기도'를 권유받습니다. 전적으로 의존상태에 있는 아이들이 먹을 것과 모든 필요한 것을 단순히 요구하듯, 인간의 기도란 그런 전적 의존상태에서 자연스럽게 나오는 행위이며, 그런 태도가 기도에 대한 가장 바람직한 이해라는 이야기입니다. 맞습니다. 그러나 이는 우리가 신앙적 '어린아이'의 상태임을 전제하는 내용입니다. 신앙은 어린아이와 같은 시절도 있지만 이내 우리에게 어른스러움을 요구하며 질문을 던져옵니다. 신앙생활의 세월이 길어질수록 우리는 역설적으로 기도가 믿음을 강화하는 행위가 아니라, 매번 믿음을 시험하는 현실을 경험합니다. 기도 내용이 성취되어서 응답받는 경험보다, '정당하게, 간절하게' 기도했으나 이루어지지 않는 치명적인 경험 앞에서 이를 어찌해야 하나 고민하게 됩니다. 우리는 하나님의 팔을 잡아흔들 수 없고, 그를 하늘에서 땅으로 내려오게 해서 정의를 행하시도록 할 수가 없는 시절을 살아갑니다. 그의 능력과 의지를 의심하다 결국 그의 존재를 의심하는 지점까지 몰려가기도 합니다. 기도는 이때 불가능한 것이 되고 맙니다. 우리가 기도하는 것과 그 요청이 이루어지는 것 사이에 아무런 인과관계가 성립하지 않을 때, 우리는 기도가 전적으로 불가능의 영역에 속한 것임을 뼈저리게 깨우칩니다.

둘째, 그러므로 '기도는 불필요하다'고 말하게 됩니다. 불가능한 행위를 반복하고 지속하는 것은 인간성에 대한 훼손입니다. 끝없는 희망고문입니다. 인간의 책임성과 능동성을 부정하며 자발적 노예상태에 종속시키는 영혼의 자기기만을 언제까지 지속해야 할까요? 이렇게 되면, 기도를 거부하는 것이야말로 진정 용기있는 행동이고 정직한 선택이 됩니다. 이렇게 기도의 불필요성을 맞대면해본 적은 없습니까? 성인으로 신앙생활을 하고자 했던 이들은 늘 이 물음이 가슴 속에서 요동치는 경험을 합니다.

셋째, 그런데 동시에 우리는 실존적으로 '기도는 불가피하다'고 말하는 순간을 겪습니다. 인간은 실존적으로 기도합니다. 산에 올라 기도하고, 나무 아래서 기도하고, 광야에서 기도합니다. 긴박한 사고의 순간에 기도하고, 기도하는 대상을 알지 못하는 가운데에도 원하는 결과를 얻고자 간절히 기도합니다. 역설이자 이율배반이지요. '안 되면 되게 하라'는 식의 자기주도적 암시일 수도 있습니다. 기도가 '가능한 것'이 되어버리면 인간은 신을 부리고 싶어지고, 기도가 '필요한 것'이 되면 인간은 더 효과적인 테크닉을 익히고자 합니다. 그러나, 정직한 자들에게 여전히 기도는 곤혹스런 것입니다. 매번 불가능과 불필요를 거슬러 불가피함을 맞닥뜨려야 하기 때문입니다. 우리는 기도해야 하는데 기도할 수 없는 상황에 처하거나, 기도할 수 없는데 기도하고 있는 모순된 처지를 피하지 못합니다.

마땅히 기도할 바를 알지 못하나

성경에서 '어떻게 기도해야 할지도 알지 못하지만'(로마서 8:26)이라고 말하는 대목은 인간의 현실을 너무도 적나라하게 꿰뚫는 탁월한 통찰입니다. 기도가 인간의 주도적 활동으로 간주될 수 없는 이유가 여기에 있습니다. 기도에 있어서 인간은 무지하고 무능하기 때문입니다. 우리의 본능에 내장된 기도는 우리가 하나님에게 어떻게 기도해야 하는지를 전혀 알려주지 않습니다. 사도 바울에게 있어 이 기도는 성령이 '말할 수 없는 탄식'ᵃ ˢⁱᵍʰ ᵗᵒᵒ ᵈᵉᵉᵖ ᶠᵒʳ ʷᵒʳᵈˢ으로 우리를 위해 행하는 모습 속에 나타납니다. 기도는 그 토대가 논리정연한 언어에서 비롯한다기보다는 이 무언의 아우성에서 시작됩니다. 인간이 파악하는 자신의 필요가 아니라, 성령이 파악한, 언어로 포착되지 않는 탄식이 기도의 토대입니다. 우리의 언어와 인식은 가까스로 그 언저리를 더듬고 헤매며 그 탄식에 근접하고자 무한히 노력할 따름입니다. 세상의 모든 기도는 알지 못하고 드리는 무지한 기도이고, 채 언어가 되지 못한 탄식에서 출발합니다. 이것은 우리에게 기도는 근본적으로 발화자의 의지나 요구와는 상관없이 하나님에게 속한 것이란 사실을 일깨워줍니다. 하나님은 이 사실을 타협하지 않습니다. 기도는 인간의 욕망을 신에게 관철하는 것과는 상관이 없습니다. 기도는 발화자의 간절함에 의존하지 않습니다. 물론 성경의 어떤 구절들에서는 '강청하며 기도하라'든지 '구하여라, 그리하면 하나님께서 너희에게 주실 것이다'(마태복음 7:7) 같은 전통적인 기도의 팁처럼 보이는 대목들이 있습니다. 그런 구절도 자세히 살피면 기도자의 의지를 하나님에게 관철시키라는 의미가 아니고 '하나님 당신의 뜻을 행하시라'는 강권에 가깝습니다. '기도란 무엇인가'를 정색하고 문답하는 구절에서 그것은 언제나 하나님의 뜻이 하늘에서와 같이 이 땅에서도 이루어지는 것이었습니다. "공중의 새를 보아라… 들의 백합화가 어떻게 자라는가 살펴보아라… 너희는 먼저 하나님의 나라와 하나님의 의를 구하여라. 그리하면 이 모든 것을 너희에게 더하여주실 것이다"(마태복음 6:26~33)라고 했습니다. 구할 것의 우선순위를 재삼재사 상기시키고 있습니다. 그 외의 나머지는 부차적이며, 따라

오는 것입니다. 심지어는 "구하기 전에, 너희에게 필요한 것이 무엇인지를 알고 계신다"(마태복음 6:8)고 했습니다. 이것은 무언가를 요청하는 기도를 원천적으로 불필요하게 만드는 구절입니다. '다 아시는데 어찌 주시지 않겠느냐'는 뜻이지요. 기도는 인간의 주도성이랄 것이 별로 없는 비주체적 행위입니다. 이쯤 되면 우리가 들어온 기도의 미덕과는 너무 다르지 않습니까?

우리의 긴급한 필요를 신에게 강청하는 것도 아니고, 기도의 강도와 빈도가 기도의 응답을 촉진하지도 못한다면 도대체 기도를 어떻게 해야 하며, 무엇을 기도해야 할지 알 길이 없습니다. 제자들도 그러했기 때문에 예수께 질문을 던집니다. "주님, 요한이 자기 제자들에게 기도하는 것을 가르쳐준 것과 같이, 우리에게도 그것을 가르쳐주십시오"(누가복음 11:1) 했을 때, 주님은 기도하는 방법을 가르치셨습니다(마태복음 6:9~13, 누가복음 11:2~4). 그 기도는 우리가 되새길 모든 기도의 원형적 기도로 간주할 만합니다. 여기서 주요한 특징 몇가지를 새겨보아야 합니다.

첫째, 기도의 대상이 '하늘에 계신 우리 아버지'임을 알려줍니다. 하나님을 '아버지'로 고백함은 기도하는 자의 자기정체성 확인입니다. 그것은 예수 그리스도를 경유해서 형성된 새로운 정체성입니다. 예수께서 하나님을 '아바'(마가복음 14:36, cf. 로마서 8:15, 갈라디아서 4:6)라고 부름으로써 그리스도인들도 하나님을 아버지로 부를 수 있는 독특한 관계를 맺었습니다. '예수님 이름으로 기도합니다'란 말을 기도 말미에 습관적으로 붙이지 않더라도, 하나님을 아버지로 부르는 순간부터 그 기도는 이미 예수 그리스도를 경유해서 드려지는 기도가 됩니다. 하나님을 아버지로 부를 수 없다면, 기도는 시작조차 힘듭니다. 하나님을 부른다는 것은 한편으로는 예배와 찬양의 차원이 있지만, 다른 한편으로는 우리의 기도가 그를 향해서만, 그의 뜻과 연관되는 한에서만 의미가 발생된다는 사실을 처음부터 분명히 합니다. 기도는 일차적으로 인간의 보편적 종교성에서 솟아나는 본능적 의존 감정입니다. 그래서 모든 종교에 다 이런 차원의 기도 행위가 있습니다. 그러나, 예수께서 가르치신 기도의 핵심은 적어도 그리스도인에게 있어 기도는 그런 보편적 종교성의 발현보다는 훨씬 엄밀하게 예수 그리스도의 아버지로 자신을 드러내신 하나님과 특별한 관계성 안에서 시작된다는 차이가 있습니다. 기독교 신앙에서 기도는 열심히 치성을 드리는 것과는 다른 방식으로 규정된다는 말입니다. 이는 곧 두번째 특징으로 이어집니다.

둘째, 기도의 목적이 '하나님 나라'가 이 땅에 임하기를 구하는 것임을 가르칩니다. 그것은 '이름이 거룩히 여김을 받는다'든지, '뜻이 하늘에서 이룬 것같이 땅에서도 이루어지기'를 기도하고, '나라와 권세와 영광이 영원히 아버지의 것'임을 고백하는 데에서 반복되고 있으며, 이 기도의 가장 핵심적 뼈대를 구성하고 있습니다. 예수의 지상 사역이 '하나님 나라'로 집약된다는 것은 너무나 잘 알려진 사실입니다. 대체 '나라가 임한다'는 것은 무슨 뜻일까요? 그것을 매번 기도의 내용으로 삼는다는 것은 어떤 의미일까요? 그것은 자기암시일까요, 찬양일까요, 탄원일까요? 하나님 나라를 구하지 않는 기도도 많습니다. 그런 기도도 진정성과 열정이 흘러넘칩니다. 그러나 그것은 예수께서 가르치시고 권하시는 기도는 아닙니다. 이 대목이 중요합니다. 우리는 기도에 들이는 자기정성에 스스로 감동하고, 스스로 고무됩니다. 모든 기도에는 이런 자기고양의 차원과 정화의 차원이 있습니다. 그러나, 예수께서는 그런 여러 기도 가운데 '하나님의 나라를 구하는 기도'를 최우선으로 하라고 권하십니다. 모든 기도가 가하나, 모든 기도가 이 범주에 합당하지는 않습니다. 오히려 어떤 기도는 하나님 나라를 향한 기도를 훼방할 수도 있고, 집중과 헌신을 흐리게 할 수도 있습니다. 중언부언하고, 자기욕망을 따라 기도할 수도 있습니다. 그러지 않기 위해서 우리 모두는 예수께서 가르치신 기도를 배워야 합니다.

하나 더 상기할 대목은 우리가 하나님 나라가 임하기를 열심히 기도하는 것도 중요하지만 우리의 열심을 과대평가하지 않는 것이 중요하다는 점입니다. 우리는 마치 우리가 기도를 게을리하거나 예배를 빠트리면 그분의 다스림이 위축되고, 그 존재가 쪼그라드는 것처럼 생각할지 모르나, 우리의 기도, 예배, 찬양, 선행은 하나님의 존재에 어떤 종류의 결핍도 발생시키지 않습니다. 그런 점에서 우리의 기도와 찬양은 본질적으로 잉여적입니다. 하나님의 뜻과 인간의 자유의지는 백퍼센트 상호독립적입니다. 기도의 성취는 백퍼센트 하나님의 일입니다. 그러나 기도를 하는 것은 백퍼센트 인간의 일입니다. 그것은 섞이거나 혼동되지 않습니다. 상호독립적으로 일어날 뿐입니다. 우리는 기도를 통해 하나님의 뜻에 동기화^{synchronization}됩니다. 우리의 기도는 어떤 일이 일어나거나 일어나지 않는 원인이 아닙니다. 다만 하나님의 의지에 동기화되어 병행할 뿐이지요. 어떤 역사가 일어날 때 기도하고 있는 이들은 복된 이들입니다. 기도로 하나님을 움직일 수 있어서가 아니라, 남들이 듣지 못하는 역사의 드럼 비트에 발맞추어 인생의 행진을 하기 때문입니다. 그러므로 기도와 응답은 상관관계는 있지만 인과관계는 아닙니다.

셋째, 이 기도는 신학적 개념이나 상징적 언어에 머물지 않고 구체적인 일상의 삶을 향합니다. '일용할 양식을 주시고'와 '우리 죄를 용서해주시고' '시험에 들지 않고 악에서 구해주시기'를 기도합니다. 이 내용은 그 앞의 내용과 어떻게 관련됩니까? 저는 이 기도가 '앞에서 우리가 하나님의 뜻이 이뤄지라는 기도를 했으니, 이제는 하나님이 우리의 소원과 필요를 들어달라'는 식의 '기브 앤 테이크'로 이해되어서는 안 된다고 생각합니다. 앞부분과 이 부분을 연결하는 접속어는 '그리고'가 아니고 '즉'이어야 한다고 봅니다. 후반부의 내용은 전반부와 별개가 아니고, 앞의 내용을 구체적으로 밝히 설명하는 것입니다. '하나님 나라'가 임하는 것은 곧, 우리가 일용할 양식을 얻는 것에서, 죄 지은 자를 서로 용서하는 것에서, 시험에 들지 않게 깨어 있는 것에서, 악에 사로잡히지 않도록 고투하는 것에서 드러나야 합니다. 그것 아닌 어디가 신앙의 전장이겠습니까? 자기 삶의 모든 영역이 하나님 나라의 현장이자, 하나님의 뜻이 이루어져야 할 자리라는 인식을 늘 갖도록 기도하라는 의미입니다. 이런 기도를 개인으로, 공동체로 드리는 이들은 놀라운 하나님 나라 백성의 연대에 참여하는 자들입니다.

기술이 아니라 체력이 모자라다

우리가 기도를 잘 하지 못하는 뜻밖의 이유가 있을 수도 있습니다. 2002년 한일월드컵 때의 일입니다. 그때만 해도 한국의 모든 사람들은 한국 축구의 문제를 '체력은 좋은데 기술이 부족하다'고 생각했지요. 그런데 히딩크 감독은 뜻밖의 진단을 합니다. '기술은 좋은데 체력이 약하다'였습니다. 서양선수들을 상대로 전후반 90분을 뛰어다닐 체력이 달린다는 분석이었습니다. 그때 발탁된 선수가 박지성이었지요. '두 개의 심장을 가진 선수'답게 지치지 않고 달리는 선수를 우리는 그때 처음 보았습니다. 기도도 마찬가지입니다. 우리는 기도의 비결을 몰라서 기도를 잘 못한다고 합니다. 그러나 우리에게 없는 건 기술이 아니라 기본 체력입니다. 테크닉이 아니라 절대량이 부족합니다. 삶의 경기에서 관중이 아니라 선수로 뛰려면 좋든 싫든 훈련의 절대량을 확보해야 합니다. 자기 몸에 맞는, 자신의 한계를 아는 기본기를 다져야 합니다. 기도는 불가능의 영역에 속한다고 해놓고, 기도와 응답은 별개라고 해놓고, 기도의 절대량이 모자란다고 하면 모순으로 들리겠지요. 그러나 우리는 영원히 살 수 없다고 해서 아예 삶을 포기하지는 않습니다. 어차피 다 알 수 없다는 이유로 배우기를 애초부터 포기하지도 않습니다. 어차피 살찔 것이기 때문에 다이어트를 하지 않는다면 다이어트는 시작 자체가 불가능할 것이고, 어차피 배고플 것이기 때문에 밥을 먹지 않겠다고 하면 굶어죽을 뿐입니다. 우리 모두는 한계와 제한 속에서도 어떤 것을 꾸준히 하고, 그것이 필요하다는 것을 압니다.

  기도에 대한 과도한 실용주의는 분명 걷어낼 필요가 있습니다. 기도에 대해 오해와 왜곡이 많이 일어나기 때문입니다. '기도한다고 다 응답받는 것은 아니므로 기도는 할 필요 없다'고 말하는 것은 옳지 않습니다. 저도 응답받지 못한 기도를 한 적이 있습니다. 가까운 이의 억울한 고통을 경감시켜달라고 간절히 기도했지만, 이루어지지 않았습니다. 질병에서 치유시켜달라고 기도했지만 원하는 결과는 일어나지 않았습니다. 어떤 경우에는 마음에 강력한 확신이 오기도 했습니다. 어떤 분들이 즐겨 쓰는 표현처럼 '하나님의 음성을 듣는' 경험을 하기도 합니다. 그러나 결과는 그 음성과 달리 오기도 합니다. 세속성자들의 질문은 바로 그 지점에 있습니다. 단순히 '하나님이 기도에 침묵한다'는 것만 문제가 아니고, 때로는 하나님이 응답하신다는 확신을 거친 다음에도 응답되지 않는 경험을 하면서 모순을 느끼지요. 인격적인 하나님께 기도하기 때문에 인격적 반응을 얻을 수 있다고 배워왔고, 하나님이 말씀하시거나, 기도를 들어주기 때문에 그것이 하나님이 살아있는 증거가 된다고 배워왔는데 말입니다.

게다가 기도하고 행한 모든 일이 선을 이루는 것도 아닙니다. 세속성자들의 고민은 그런 곳에 있습니다. 대체 어떻게 기도했길래 구조적 악을 성실하게 실천하는 이들이 될 수가 있을까요? 하나님이 그들에게 대체 어떤 확신을 심어주셨길래 말입니다. 기도는 자기확신의 강화를 위해 쓰일 수 있습니다. 기도의 양이 많고, 깊은 이들이라면 이런 맹점에서 성숙하게 벗어나야 마땅합니다. 그런데, 기도 많이 하는 이들의 내면이 아집과 무지의 악순환 구조를 공고히 하고 있다면 얼마나 안타까운 노릇입니까? 기도 많이 하면서 꼭 같이 해야 하는 일은 '자기성찰'과 '하나님 이해'입니다. '자기기만'과 '하나님 왜곡'이 기도의 결과인 경우를 정말 자주 봅니다.

앞서도 언급했듯, 기도는 결코 기독교 신앙에만 국한된 현상이 아니고 종교성이 발현되는 곳에서는 언제나 본능적으로 동반되는 행위입니다. 그러므로 기도에 따르는 일반론적 특성이 아니고, 기도를 기독교적 신앙행위로 만드는 독특함이 어디서 비롯되는가에 우리는 주목해야 합니다. 성경에서는 기도할 때 중언부언하거나, 구태여 말을 많이 할 필요는 없다고 말합니다. 이렇게 말을 많이 하거나 장황한 언어를 구사해야 신들이 관심을 가져줄 것이란 전제는 기독교 신앙에서 유효하지 않습니다. 기도를 하다보니 정신이 집중되거나, 확신이 생기더라는 것도 기독교적 기도만의 특별한 미덕은 아닙니다. 정한수를 떠놓고 드리는 기도에도 그런 미덕과 숭고함은 있습니다. 그런 전형성을 거스르는 지점에 기독교적 기도의 독특성이 있습니다. 우리의 기도는 그 지점을 더 깊이 파고들어야 합니다.

기도는 그 원형질이 성령의 탄식에 동조하는 것이라고 했습니다. 동시에 기도는 반복적으로 다져온 기도자 각자의 언어의 궤적이기도 합니다. 가끔씩 드물게 자기 기도의 언어를 갖고 있는 이들을 발견할 때가 있습니다. 어릴 적 다녔던 교회의 주일예배에서 어느날 원래 하던 장로님들 중 한 명이 아니라, 교회의 사찰집사님이 대표기도를 하신 적이 있습니다. 늘 건조하고, 겉도는 느낌이 많았던 대표기도들과 달리 저는 그날 마음이 담긴 기도를 들었습니다. 세세하게 교회의 안팎과 사람들의 사정을 살피는 세심한 기도를 매우 인상적으로 들었습니다. 그분은 자기의 기도언어를 간직한 분이었습니다. 자기언어로 기도할 수 있는 사람이라니, 참으로 자유한 사람이란 생각이 그때 들었습니다. 유진 피터슨$^{\text{Eugene Peterson}}$의 통찰을 빌리자면 세속성자의 기도란 '응답받는 기도'가 아니라, '응답하는 기도'일 것입니다.

7. 예배

−여기도 아니고 저기도 아니라면

> 참되게 예배를 드리는 사람들이 영과 진리로
> 아버지께 예배를 드릴 때가 온다.
> 지금이 바로 그때이다. 아버지께서는
> 이렇게 예배를 드리는 사람들을 찾으신다.
> 하나님은 영이시다. 그러므로 하나님께 예배를 드리는 사람은
> 영과 진리로 예배를 드려야 한다.
>
> —요한복음 4:23~24

참 예배와 거짓 예배

예배 역시 불가능의 영역입니다. 신과 인간의 만남^{encounter}은 그 자체로 불가해한 사건이고, 그 갈망의 강렬함에도 불구하고 필연적으로 가능해야 할 어떤 논리적 이유나 근거는 없습니다. 인간이 만나고 싶다고 꼭 신이 만나주는 것도 아니란 얘기지요. 그래서 신을 찾는 인간의 노력과 고투는 처절하지만, 그 추구가 성

공한다는 보장은 우주 어디에도 없습니다.

요한복음에 예배와 관련된 매우 유명한 사건이 하나 나옵니다. 유대 지역에서 갈릴리로 가는 길에 예수는 유대인들이 흔히 하듯 사마리아 지역을 우회하지 않고, 이례적으로 관통하는 경로를 택했습니다. 대낮의 허기와 갈증을 넘기기 위해 제자들이 음식을 구하러 간 사이에 예수는 우물가에서 사마리아 여인을 만나지요. 거기서 나눈 흥미로운 대화입니다.

"선생님, 내가 보니, 선생님은 예언자이십니다. 우리 조상은 이 산에서 예배를 드렸는데, 선생님네 사람들은 예배드려야 할 곳이 예루살렘에 있다고 합니다." 예수께서 말씀하셨다. "여자여, 내 말을 믿어라. 너희가 아버지께, 이 산에서 예배를 드려야 한다거나, 예루살렘에서 예배를 드려야 한다거나, 하지 않을 때가 올 것이다. 너희는 너희가 알지 못하는 것을 예배하고, 우리는 우리가 아는 분을 예배한다. 구원은 유대 사람들에게서 나기 때문이다. 참되게 예배를 드리는 사람들이 영과 진리로 아버지께 예배를 드릴 때가 온다. 지금이 바로 그때이다. 아버지께서는 이렇게 예배를 드리는 사람들을 찾으신다. 하나님은 영이시다. 그러므로 하나님께 예배를 드리는 사람은 영과 진리로 예배를 드려야 한다." (요한복음 4:19~24)

예수는 여기서 예배와 관련된 매우 중요한 가르침 몇가지를 전합니다. 첫째, 예배는 공간의 문제가 아니라, 시간의 문제란 점이지요. '이 산인가, 저 산인가'를 궁금해하는 물음에, '예배할 때가 오는데, 곧 이때다'란 답을 합니다. 예배는 공간을 분할해서 이곳을 거룩히 여기고, 저곳을 속되게 여기는 방식으로 작동하지 않는다는 의미인데, 이는 유대인들의 전형적인 사고 중 하나를 공박하는 겁니다. 그들은 이 세상에서 시온산, 예루살렘, 그리고 거기에 세워진 성전을 하나님의 가장 거룩한 거주공간으로 봅니다. 성전은 이 지상에서 거룩함의 상징이고 구심점입니다. 반면, 사마리아는 그런 맥락에서는 저주받은 공간이자, 타락한 장소지요. 역사적으로 사마리아는 이미 분열왕국 때부터 임의로 산당을 세우고, 제사장을 지명하여 혼합 종교를 만들어 이스라엘의 예배를 타락시킨 바로 그 책임 소재가 있는 곳입니다. 그런 사마리아에서 이 여인이 던지는 질문은 심히 신학적이고, 고도로 실존적입니다. 이에 대한 예수의 대답은 공간이 아니라, 시간이 문제라는 것, 하나님의 때가 진정한 예배를 가능하게 하는 핵심이란 것이었습니다.

둘째, 그런데 그 시간은 '영과 진리'^{in Spirit and in Truth}에 달린 문제라는 겁니다. 그때가 와서 '영과 진리'로 드리는 예배가 가능해졌다는 말도 맞고, '영과 진리'로 예배할 때 그때가 시작된다는 의미로도 새길 수 있습니다. '영과 진리'의 예배는 원인이자 결과로 순환합니다. 물론 그 '영과 진리'는 예수 자신과 동일시되지요. 메시아의 도래가 곧 그 시간을 알리는 표징이기 때문입니다. '이스라엘의 위로'를 기다리던 시므온(누가복음 2:25), '예루살렘의 속량'을 바랐던 안나(누가복음 2:38), '무화과나무 아래 거하던' 참 이스라엘 사람 나다나엘(요한복음 1:48) 등 이스라엘의 선하고 의로운 자들이 간절한 기도와 기다림으로 특징지어지는 이유는 진정한 예배의 회복이 메시아의 도래에서 시작되기 때문입니다. 그렇다면 이 진정한 예배는 신적 주도권에 속한 사안이지, 인간들의 바람이 얼마나 간절한가와는 상관이 없습니다. 그의 백성들은 예배를 위해 길고 긴 기다림을 감내해야 했습니다. 오늘 우리의 예배에 대한 생각이 얼마나 즉각적 반응과 만족을 요구하고, 편안함을 지향하는지와 비교하면 판이하게 차원이 다르지요.

공간이 아니라 시간의 예배가 중요하다는 것을 인정하면, 결국 그런 메시아적 시간을 분별하는 예배를 어떻게 드릴 수 있을지가 핵심 사안이 됩니다. 근본주의적 신학 입장을 견지한 목회자임에도 존 맥아더^{John MacArthur}는 사마리아 여인을 다룬 위 본문에서 예배와 관련한 유용한 지적을 했습니다. 그는 이 본문은 '예배의 대상과 예배의 방법'이 결합하는 네 가지 서로 다른 양상을 제시한다고 보았습니다. 사람들은 '잘못된 대상을 잘못된 방법으로' 또는 '올바른 대상이지만 잘못된 방법으로' 혹은 '잘못된 대상을 바른 방법으로' 예배할 수 있는데, 그리스도인들은

'바른 대상을 바른 방법으로' 예배해야 한다고 말합니다. 즉, 우리는 자신들의 종교성이 이끄는 대로 '아무 대상이나 숭배하고, 예배해서는 안 되며 그것은 잘못된 예배'라는 것입니다. 반면에 우리는 '바른 대상을 두고도 인간들의 욕망과 왜곡된 지식을 따라 엉뚱한 예배를 드릴 수도 있다'는 얘기입니다. 소위 정통신앙이나 정통교회라고 신앙의 안전지대는 아니란 것이지요. 가끔은 이단이나 사이비종교에서 예배의 대상은 잘못되었지만, 진실한 마음과 겸손한 태도로 종교생활을 할 수도 있다는 점도 인정합시다. 매우 안타까운 노릇이지요. 어쩌면 이들은 누구를 섬기든 순박하고 성실한 자세를 견지할지 모르지만, 그것도 옹호하기 난감한 노릇입니다.

무신론적 태도의 반대편에 하나의 유신론적 태도가 있는 것이 아니고, 유신론이지만 여러 갈래로 오류와 실수의 여지가 펼쳐져 있음을 알아야 합니다. 예배는 단순히 성실성의 문제가 아니라, 여전히 성찰이 필요하고 이해와 헌신이 깊어져야 할 신앙행위입니다. 인간이 장악하고 있는 종교 행위가 아니라 신을 상대편에 두고 일어나는 온갖 형용모순과 실천적 불가능성을 두고 씨름해야 하는 일입니다. 누구도 예배를 자신할 수 없습니다. 예배의 참과 거짓, 성공과 실패는 인간의 손 안에 있지 않습니다. 겸손하게 나아가지 않을 도리가 없습니다. 축복과 저주를 남발하며 길흉화복을 좌우하는 듯한 주술적 공간으로 만들거나,

웃기고 울리며 정서적 카타르시스의 한판 향연을 벌이는 따위는 결코 예배의 본령이 될 수 없습니다. 그런 장을 벌여놓고 목회자를 한껏 띄워서 개인숭배의 장으로 전락시키는 행위는 납득할 수 없는 예배의 왜곡입니다. 예배가 이토록 불가능성에 속한 문제라는 역설과 모순을 새삼 각성할 필요가 있습니다.

예배는 몸을 기억하는 일

예수와 그의 제자들이 남긴 예배는 성전 제사가 아니었습니다. 예수는 성전이 무너질 것을 암시하기도 했지만, 앞서 보았듯 공간이 아니라 시간을 다루는 예배를 핵심으로 말했고, 메시아의 도래를 원형으로 하는 어떤 새로운 예배를 지향했다고 볼 수 있습니다. 그것이 어떤 예배인가는 다음의 본문들을 중요하게 새겨가며 살펴볼 필요가 있습니다.

> 예수께서는 또 빵을 들어서 감사를 드리신 다음에, 떼어서 그들에게 주시고 말씀하셨다. "이것은 너희를 위하여 주는 내 몸이다. 이것을 행하여 나를 기억하여라." 그리고 저녁을 먹은 뒤에, 잔을 그와 같이 하시고서 말씀하셨다. "이 잔은 너희를 위하여 흘리는 내 피로 세우는 새 언약이다." (누가복음 22:19~20)

내가 여러분에게 전해준 것은 주님으로부터 전해받은 것입니다. 곧 주 예수께서 잡히시던 밤에, 빵을 들어서 감사를 드리신 다음에, 떼시고 말씀하셨습니다. "이것은 너희를 위하는 내 몸이다. 이것을 행하여 나를 기억하여라." 식후에, 잔도 이와 같이 하시고서, 말씀하셨습니다. "이 잔은 내 피로 세운 새 언약이다. 너희가 마실 때마다 이것을 행하여, 나를 기억하여라." 그러므로 여러분이 이 빵을 먹고 이 잔을 마실 때마다, 주님의 죽으심을 그가 오실 때까지 선포하는 것입니다. (고린도전서 11:23~26)

성찬$^{Holy\ Communion}$의 제정을 다루는 대표적 본문이지만, 이는 기독교 예배의 핵심과 바로 통합니다. 성찬은 예배에서 매우 중요합니다. 그러나 한국 교회는 이를 너무 경시하지요. 성공회나 가톨릭 등은 매 예배 성찬 중심의 예전으로 구성되어 있습니다. 예배드림이 곧 성찬을 한다는 의미입니다. 한국 개신교는 교회 형편에 따라 일 년에 두어 번 성찬을 하는 곳도 많습니다. 그리고, 그것마저도 매우 피상적으로 진행합니다. 나는 한국 개신교가 설교를 많이 줄이고, 성찬을 더 의미 깊게 시행하면 좋겠다는 생각을 합니다. 아니 단순히 좋은 정도가 아니라, 그것 없이는 회복이 어렵다고 봅니다. 한국 개신교의 파행은 예배가 무엇인지 알지 못하는 목사가 설교로 예배에 너무 많은 악영향을 끼치도록 방치한 탓이 크다고 봅니다.

성찬의 핵심이 무엇입니까? '이것을 행하여 나를 기억하라'는 것, '주님의 죽으심을 그가 오실 때까지 선포하는' 것이지요. 성찬을 둘러싼 해묵은 신학적 논쟁을 다 꺼내볼 필요는 없습니다. 다만, 떡과 포도주를 마실 때마다 우리가 무언가를 기억해야 하고, 이를 적절한 방식으로 전해야 함을 상기해야 합니다. 그리고 그 떡과 포도주가 상징하는 그리스도의 몸에 부끄럽지 않은 삶을 살자는 다짐이 동반되어야 합니다. 그리스도인의 삶은 그 전체가 그리스도를 기억하고, 그의 몸을 이루는 삶입니다. 그의 피와 살이 성도의 피와 살이 되도록 그를 먹고 마시는 일입니다. 세속성자의 삶은 그런 면에서 매우 성육신에 가까운 것이지요. 우리는 바울이 전하는 영적 예배에 대한 권면에서 바로 그런 이해를 확인할 수 있습니다.

> 형제자매 여러분, 그러므로 나는 하나님의 자비하심을 힘입어 여러분에게 권합니다. 여러분의 몸을 하나님께서 기뻐하실 거룩한 산 제물로 드리십시오. 이것이 여러분이 드릴 합당한 예배입니다. 여러분은 이 시대의 풍조를 본받지 말고, 마음을 새롭게 함으로 변화를 받아서, 하나님의 선하시고 기뻐하시고 완전하신 뜻이 무엇인지를 분별하도록 하십시오. (로마서 12:1~2)

우리가 드릴 예배는 죽은 제물이 아니라 산 제물을 드리는 예배입니다. 우리를 대신하여 다른 짐승을 제물로 바치지 말고 우리 자신의 몸을 드리라고 합니다. 우리는 단지 과거를 기억하는 존재가 아니라, '살아있는 기억' 그 자체가 되라고 요청받고 있습니다. 기독교 신앙이 결코 과거를 기억하며 제사를 모시는 형식으로 환원될 수 없는 이유가 여기에 있습니다. 진정한 영적 예배란 곧 '이 세대를 본받지 말고 마음을 새롭게 하여 하나님의 뜻을 분별'하고 이를 위해 산 제물$^{\text{living sacrifice}}$이 되는 데에 있습니다.

이 역설적 모순형용을 붙잡지 못하면 기독교 신앙을 전혀 이해할 수 없을 겁니다. 세속성자는 죽었으나 살아 있고, 살았으나 죽은 어떤 존재양식을 요청합니다. 그것은 물질세계를 초월해서 영적 영역에만 머물지 않습니다. 우리가 살펴본 본문은 어디에서나 물질적 구체성을 갖는 형식이나 몸을 언급합니다. 그러나 그 물질적 구체성은 그것으로 완결되는 것이 아니라, 언제나 그 너머의 차원을 지시합니다. 즉, 그것은 달을 가리키는 손가락입니다. 언제나 우리의 시선이 향해야 할 대상은 저 너머에 있습니다. 몸을 통하지 않은 예배는 없습니다. 그러나 그 몸은 죽었으나 죽지 않고, 살았으나 살지 않은 모순형용을 온통 감수하는 한에만 유효한 제물이 됩니다. 그 역설을 긴장감 있게 붙잡지 못하면 우리는 엉뚱한 일에 시간낭비를 할 뿐입니다. 예배는 그러므로 저 너머의 삶을 가리키는 이곳에서의 삶입니다. 불가능한 이상의 실천적 구현 행위입니다.

세속성자의 예배

예배를 불가능성의 영역과 연관시키면 현실의 예배행위를 완전히 다르게 바라보는 효과를 낳습니다. 그것은 어떤 예배도 불가능하다며 단정하지 않고 오히려 특정한 예배형식의 압도적 권위를 방지하고, 다양한 시도를 격려하는 방식으로 작동할 수 있습니다. 저는 전통적 형식에 집착하는 것보다 새로운 실험과 시도를 늘 환영해왔습니다. 그간 대중문화와 결합하는 실험들이 꽤 있었지요. 재즈미사, 록미사, 혹은 테크노 예배에 참여한 적도 있고, 얼터너티브 예배$^{alternative\ worship}$나 이머징 예배$^{emerging\ worship}$ 등의 이름으로 시도된 여러 실험들을 해외에서 접했습니다. 이와는 좀 다르게 개신교와 가톨릭 수도자들이 함께하는 프랑스 떼제^{Taize} 공동체의 침묵기도와 예배에도 참석했었고, 스코틀랜드 쪽에서 켈틱^{Celtic} 영성을 지향하는 이들의 노래와 예전도 경험한 바 있습니다. 예배는 연극과 접목될 수도 있고, 미술과 결합하기도 합니다. 무용을 통하여 무대와 회중 사이를 새롭게 열어볼 수도 있습니다. 이적과 은사가 바로 바로 일어난다는 예배에도 참여했습니다. 그러나 이 모든 파격과 실험들 이전에 먼저 예배의 원론은 아무리 강조해도 지나치지 않다는 것을 절감

합니다.

  청어람에서 지난 5년간 해온 세속성자 수요모임은 매우 소박한 모임에 불과하지만, 의식적으로 몇가지 실험을 시도했습니다. 첫째는 '낯설게 하기'. 예배의 언어나 행위는 가장 지루한 관행이 되기 쉽지요. 의식적으로 말과 태도가 매너리즘에서 벗어나 감각이 살아있도록 하는 노력이 필요합니다. 예배의 순서에서 적절히 긴장을 유지하고, 참여를 위해 형식을 열어놓습니다. 수요모임에서는 예배 초입의 교독문을 성경구절만 아니라, 시에서 인용하기도 하고, 회중과 주고받으며 읽도록 순서를 정해 두었습니다. 설교는 가능한 일방적 선포가 되지 않도록 대화의 톤을 유지하고 있습니다. 설교 후에는 토론 시간이 있어서 메시지를 들으면서 했던 생각이나 나누고 싶은 생각을 이야기합니다. 경청과 상호작용을 위해 열어놓은 시간이지요. 설교 후의 기도시간에는 보통 세 개 정도의 기도제목을 중심으로 각각 기도하고, 미리 준비한 공동기도문으로 마무리합니다. 회중이 함께 할 기도문을 쓰는 것은 생각보다 쉽지 않더군요. 무엇을 기도할 것인지 정하는 문제만큼, 어떻게 기도할지를 정하는 것도 어렵습니다. 그러나 공동기도는 예배의 토대를 제공하는 공동체의 특성을 형성해가는 과정이기도 합니다. 낯익은 예배 경험을 낯설게 함으로써 긴장을 주면서도 그것이 다시 새로운 낯익음으로 순환하는 과정을 잘 유지하고자 노력합니다.

둘째는 성찰성입니다. 각 개인과 우리를 둘러싼 삶의 조건을 음미하게 합니다. 이를 위해서는 단순함이 중요하고, 여유가 필요합니다. 찬양을 낮고 느리게 부르거나, 침묵기도를 하거나, 공동기도문을 읽음으로써 자신의 개인적 인식 너머로 가보는 훈련을 하는 셈이지요. 설교 후의 토론도 그런 의미가 있습니다. 타인의 이야기를 듣고 자신의 이야기를 남들에게 적절히 풀어내는 기회가 우리들에게는 많이 부족했습니다. 그러다보니 때로는 교회에서 흔히 듣기 어려운 낯선 내용이 나오기도 합니다. 수요모임 참가자들이 나누는 이야기들은 기존 교회에서 나누는 이야기들과는 어법과 미덕이 다를지도 모릅니다. 그러나 몇년간 사람들이 서로에게 귀 기울이는 법을 익혀가는 과정을 기쁘게 바라보고 있습니다.

셋째는 다원성입니다. 종교개혁의 초창기 루터는 성경의 말씀을 교황이나 사제를 경유하지 않고도 모든 사람이 이해할 수 있고 저마다 하나님의 말씀을 해석할 수 있다는 파격적 주장을 했습니다. 우리가 아무리 종교개혁의 자손이라고 해도 '말씀을 저마다 해석할 수 있다'는 이런 주장은 정서적으로 쉽게 수용되지 않습니다. 어떻게 무지한 이들의 손에 말씀의 해석권을 넘겨줄 수 있는가 할 수 있지요. 루터도 초창기 이후로는 '만인사제론'을 잘 언급하지 않습니다. 그러나, 나는 루터도 가보지 못한 어떤 개신교의 가능성을 우리 시대의 종교개혁에서는 진지하게 검토할 필요가 있다고 생각합니다. 우리는 예배에서 일어나는 다양한 반응들을 굳이 하나로 모으지 않습니다. 같은 본문에서도 다성적$^{poly\ phonic}$ 목소리를 들을 수 있지만, 그 사실은 우리를 전혀 불안하게 하지 않습니다. 예배는 사람들을 가르쳐서 교정하거나, 감동을 주는 자리이기 이전에 '영과 진리'에 의해 이끌림을 받는 시간이어야 합니다. 누구든 나와서 남을 존중하며 자신을 돌아보는 기회를 갖는 것이 일차적으로 중요합니다. 신앙은 저마다의 동의와 이해, 공감과 헌신이 있어야 가능하니까요.

마지막으로 예배를 생각할 때 제가 늘 마음에 새겨두는 한 구절을 소개합니다.

> 하나님의 집으로 갈 때에, 발걸음을 조심하여라. 어리석은 사람은 악한 일을 하면서도 깨닫지 못하고, 제물이나 바치면 되는 줄 알지만, 그보다는 말씀을 들으러 갈 일이다. 하나님 앞에서 말을 꺼낼 때에, 함부로 입을 열지 말아라. 마음을 조급하게 가져서도 안 된다. 하나님은 하늘에 계시고, 너는 땅 위에 있으니, 말을 많이 하지 않도록 하여라. (전도서 5:1~2)

예배는 하나님과 대면하려는 불가능한 이상을 밀고나갈 때 우리들에게 벌어지는 일입니다. 예수 그리스도의 삶과 죽음과 부활, 그리고 그분의 가르침과 의미를 기억하고 반복적으로 몸에 새기는 일입니다. 이 일은 우리에게 상상 가능한 모든 방법으로 실천될 수 있습니다. 예전^{liturgy}화된 예배 전통의 강점이 분명히 있지만, 저는 그 이전에 예배 자체가 염두에 두었던, 하나님의 임재 사건 앞에서 발생하는 경외감을 최우선으로 의식해야 한다고 생각합니다. 다른 모든 것은 그보다 중요하지는 않습니다. 말을 줄이고, 귀를 기울일 일입니다.

8. 전도

— 문밖에 서서 두드리노니

보아라, 내가 문 밖에 서서, 문을 두드리고 있다.

누구든지 내 음성을 듣고 문을 열면,

나는 그에게로 들어가서 그와 함께 먹고,

그는 나와 함께 먹을 것이다.

―요한계시록 3:20

전도/선교는 어떻게 망가졌는가?

우리에게 전도의 전형적 이미지는 길거리에서 "도를 아십니까?"라고 묻는 이들의 지분거림이나 지하철에서 사람들의 따가운 시선을 아랑곳하지 않고 혼자 확신에 찬 태도로 '예수천당, 불신지옥'을 강변하는 광경 그 언저리쯤에 형성되어 있습니다. 실제로 전도를 격려하는 설교에서 우리가 듣는 말씀들은 "그대는 말씀을 선포하십시오. 기회가 좋든지 나쁘든지, 꾸준하게 힘

쓰십시오"(디모데후서 4:2)이거나, "그러나 누구든지 사람들 앞에서 나를 부인하면, 나도 하늘에 계신 내 아버지 앞에서 그 사람을 부인할 것이다"(마태복음 10:33) 같은 구절들이지요. 이런 구절에 근거해서 전도하자는 말씀이 불순하다고 볼 수는 없어요. 그러나 우리 주변에는 그런 말씀에 대한 순종의 결과라고 간주하기에는 무언가 아닌 듯한 경우가 빈번합니다.

어떤 대형교회에서는 그해의 전도왕에게 경차를 경품으로 내건 경우가 있었습니다. 경차만 아니라 함께 내걸린 세탁기, 냉장고 등의 품목을 보면 이건 세일즈맨들에게 매출을 독려하는 회사들이 즐겨 쓰는 방식임을 쉽게 눈치챌 수 있습니다. 실제로 노인이나 노숙인 사역을 하는 교회 중에는 사람들을 데려오면 현금을 지급하는 경우도 있습니다. 교회 내에서도 '한번 물면 놓지 않는 진돗개가 되어야 한다'거나, '한 사람을 당기면 줄줄이 딸려나오는 고구마 줄기처럼 전도를 해야 한다'는 식의 간증이 널리 유통되었습니다. 심지어 어느 교회는 '소개팅 해볼래?'라며 교회 청년부 형제와 자매들의 사진, 이름, 나이, 직업을 넣은 전단지를 만들어 배포했다가 심각한 '성 상품화'란 비판을 받기도 했지요. 이것이 '때를 얻든지, 못 얻든지' 복음을 전하는 행위인지, '수단과 방법을 가리지 않고' 전도하는 행위인지 구분이 안 되는 것은 문제입니다. 중대형 교회들이 '새신자 초청 총동원주일'을 위해 쏟아붓는 물량도 엄청나지만, 이를 위해 동원되는 대형 이벤트는 쇼 무대를 닮아가고, 일대일 전도와 양육 전략은 점점 더 다단계 회사들의 모습을 닮아갑니다. 전도는 그렇게 교회의 매출과 성과 측정의 한 수단이 되어버립니다. 왜 이렇게 된 걸까요?

전도와 선교는 '교회'와 '하나님 나라'를 동일시하고, '교회의 성장이 곧 하나님 나라의 성장'이라는 성장주의 논리를 따랐습니다. 대부분의 교회가 정도의 차이가 있을 뿐 이 논리를 벗어나지 못했지요. 성경에서 하나님 나라를 언급하는 맥락의 긴박성은 곧 전도의 긴박성으로 환원되어 교회 성장을 신적 권위로 독려하는 근거로 사용됩니다. 게다가 이것이 일종의 영적 전쟁으로 간주되다보니, 매우 공격적인 언어가 전면에 포진되고, 전투상황에서는 이견이 용납될 수 없다며 전투적 인식을 거스르는 어떤 질문도 허용하지 않습니다.

저도 대학시절 '전도폭발'^{Evangelism Explosion}이란 훈련을 받은 적이 있습니다. 상대의 이견을 다루는 방법, 적절한 대화의 기술, 상대의 허를 찌르는 질문기법 등을 배웠습니다. '폭발'이라는 전투적 명칭에 비해서 그나마 대화와 토론의 여지를 일정하게 수용하고 있었지만 실습으로 거리 전도를 나갈 때에는 우리끼리 '특공대'라느니, '적진에 침투하여' 등의 군사용어를 실감나게 썼던 기억이 납니다. 그리고 이렇게 전도할 때, 중보기도로 지원하는 행위를 '함포 사격'이라고도 했었지요. 우리의 전도 행위를 지배하는 전반적 이미지와 인식은 '전쟁'^{warfare}이었습니다. 저는 이렇게 전도의 행위를 절대시하고, 그를 통해 얻은 회심자의 숫자로 전도의 성패를 평가하는 행위가 신앙공동체를 어떻게 파괴하는지를 가까이서 보기도 했습니다. 어떤 청년부 담당 목회자는 타문화권 단기선교를 가서 의미도 모르고 외운 『사영리』 소책자의 내용을 현지인들에게 읽어주도록 하고, 마지막 결신^{決信}기도를 따라한 사람들의 숫자를 단순 합산해서, 귀국 후 예배시간에 현지인 수백 명이 회심하는 대부흥을 이루었다는 선교보고를 했습니다. 이런 과장 보고를 받아들일 수 없었던 일부 청년 리더들이 문제를 제기했으나, 이후 이들은 '하나님 나라 사역을 훼방하는 사탄의 도구가 되지 말라'는 식의 설교를 반복적으로 들어야 했고, 결국 그 교회를 떠나고 말았습니다.

전도와 선교는 종교를 강요하거나, 세뇌시키는 것일까요? 이 비판은 외부 무신론자들의 문제제기가 아니라, 내부 그리스도인들의 질문입니다. 강요나 세뇌가 아닌 전도/선교를 우리가 알고 있나요? '교회'가 '하나님 나라'와 동일시되면, 세일즈와 세뇌 행위가 전도/선교를 대체하는 것은 순식간입니다. 우리 주변에는 이렇게 전도/선교를 단지 열정과 의지의 문제로 간주하는 다양한 논리가 존재합니다. 물론 오늘날 사회는 종교를 폭력적으로 강요하는 방식은 인정하지 않습니다. 반면에 회유의 기법은 더욱 집요해지고, 대담해졌습니다. 어떤 인센티브를 제공하거나 약속함으로써 교회 멤버십을 갖도록 하는 것을 우리는 전도요, 선교로 종종 보아왔습니다. 필요하다면 복음전도라는 고귀한 목적을 위해서는 강압마저도 어느 정도 용납된다 생각하기도 했습니다. 주제가 타종교를 향한 '대적 기도'나 '땅밟기 기도'일 경우 원래 의도와 달리 더욱 전투적이 되고, 공격적이 되도록 독려받는 경향을 보입니다. 최근에는 이슬람, 동성애, 종북 등의 주제에서는 공공연히 혐오감정을 발산하고 이를 정당하게 여기는 수준까지 나아갑니다. 이제는 타종교인이나 무신론자들을 원색적으로 비난하는 말을 온라인에서 쉽게 찾을 수 있습니다. 전도와 선교의 이름 아래 우리는 어떤 것까지 정당하게 여겨야 하는 걸까요?

'문 두드리는 전도'

신약성경에서 '전도하다'^{euangelizomai}는 단어는 원래 '기쁜 소식을 전하다'는 뜻인데, 고대세계에서는 주로 승전보나 왕의 명령을 전달하는 행위를 의미했습니다. 그 외에 '전도/선교'와 관련되는 단어로 '보내다'란 뜻의 apostello나 pempo란 동사, 혹은 apostolos란 명사를 씁니다. '파견대' '파송자'를 뜻하는 말로, 이 역시 군대용어로 많이 쓰는 단어입니다. 이 단어는 특정한 임무를 수행하도록 임명받은 존재를 뜻합니다. 이런 파송의 공식은 '아버지께서 나를 보내신 것같이, 나도 너희를 보낸다'(요한복음 20:21)에 압축적으로 잘 드러나 있는데, 이는 예수가 보내심을 받은 것처럼* 열두 제자도 보내심을 받고**, 더 나아가 70인을 보내는 데에도 적용됩니다.***

중요한 것은 그들이 그 보내심을 어떻게 수행하라고 되어 있느냐는 것입니다. 때로 제자들과 사도들의 전도활동은 대단한 반향을 이끌어냈습니다. 이들은 종종 자신들의 메시지를 듣는 대상이 누구인지 살펴가며 적절한 언어와 논리를 구사하였지만, 말재주로 사람을 설득하려고 하지 않았습니다. (물론 비판자들은 그들이 현란한 언변으로 사람들을 미혹시킨다고 비난하긴 했습니다.) 그들의 일차적이고도 핵심적인 사명은 주어진 말씀과 가르침을 왜곡 없이 전달하는 것이었습니다. 아무리 그것이 사람들의 기존관념을 거스르고 당대의 상식을 불편하게 할지라도 말이지요. 제임스 패커 J.I.Packer의 고전 중 하나인 『복

---

* 나는 다른 동네에서도 하나님 나라의 복음을 전해야 한다. 나는 이 일을 위하여 보내심을 받았기 때문이다. (누가복음 4:43)

** 예수께서 산에 올라가셔서, 원하시는 사람들을 부르시니, 그들이 예수께로 나아왔다. 예수께서 열둘을 세우시고 [그들을 또한 사도라고 이름하셨다] 이것은, 예수께서 그들을 자기와 함께 있게 하시고, 또 그들을 내보내어서 말씀을 전파하게 하시며, 귀신을 쫓아내는 권능을 가지게 하시려는 것이었다. (마가복음 3:13~15)

*** 이 일이 있은 뒤에, 주님께서는 다른 일흔[두] 사람을 세우셔서, 친히 가려고 하시는 모든 고을과 모든 곳으로 둘씩 [둘씩] 앞서 보내시며 그들에게 말씀하셨다. "추수할 것은 많으나, 일꾼이 적다. 그러므로 추수하는 주인에게 추수 일꾼을 보내달라고 청하여라." (누가복음 10:1~2)

음·전도란 무엇인가』*Evangelism & the Sovereignty of God*(생명의말씀사 2012)는 '전도에 있어서 회심이란 결과는 우리의 능력에 달린 문제가 아니며, 우리에게 맡겨진 것은 다만 신실하게 선포하는 것'이라고 했습니다. 결과는 '하나님의 주권'에 속한 문제라는 것이지요. 그 결과를 인위적으로 만들어내고자 하면 그 동기의 선함과는 별개로 하나님의 주권에 대한 훼방이 될 수 있습니다.

지금 우리가 알고 있는 형태의 복음전도는 18세기 부흥운동 이후의 모델입니다. 뜨거운 기도와 열정적 찬양, 웃음과 눈물을 동반한 부흥사의 강렬한 설교, 함께한 청중들의 고양된 집단정서 등을 배경으로 비상한 회심의 경험이 이루어지곤 했습니다. 대부흥시대에 대해 긍정적 평가를 하더라도 이런 방식의 전도집회에서 모종의 감정적 압박이나, 심지어는 분위기를 조작하는 온갖 시도가 전개되곤 했다는 것은 공공연한 사실입니다. 다른 누구보다 당대의 부흥운동가들이 감정에 치우친 잘못된 부흥을 경계하는 글을 많이 남겼습니다. 이보다 앞선 시대는 어떠했을까요? 종교개혁자들은 신자의 양심이 존중되어야 한다고 특별히 강조했습니다. 즉 신앙은 교회의 권위와 권력으로도 강제될 수 없다는 소신이었습니다. 루터든 누구든 종교개혁 시기의 가장 빛나는 신앙행위는 자신의 신앙양심을 지키는 것이었지요. 박해와 강압에 무릎 꿇지 않는 것, 그것이 참된 신앙의 표지였습니다. 물론 신앙의 진정성을 훼손하는 것이 강압만은 아니지요. 회유도 심각한 진정성 훼손입니다. 신앙에 무언가를 더하는 것이지요. 신자가 되면 혜택을 약속하는데, 그것은 직접적인 보상일 수도 있고, 암묵적인 인센티브일 수도 있습니다. 신자가 되면 직업적으로 더 나은 전망을 얻고, 든든한 유력자와 같은 편에 속하고, 사회적 신분의 상징자본을 확보하게 되고, 좀더 노골적으로는 권력과 비즈니스와 문화와 인맥을 향유하는 장이 될 수도 있다고 회유하며 전도하는 행위는 과연 옳은가요, 그른가요?

'문밖에서 두드린다'는 그림은 전도를 상상할 수 있는 주요한 이미지로 많이 알려져 있습니다. 그러나 의외로 그리 많이 참고되거나 언급되지 않는 것 같아요. 문을 열어달라는 요청, 그것이 그리스도의 요청입니다. 주님이 강제로 문을 열지 않는데, 우리가 남의 마음 문을 함부로 열어젖힐 수는 없지요. 여기서 반드시 필요한 것이 '음성을 듣는 경험'입니다. '영접한다'고 표현하는 행위에는 바로 그것이 필요합니다. 문을 열고 맞아들이는 것, 그래서 주님이 그의 삶에 거하는 것을 말합니다. 전도하는 성도들에게 맡겨진 책임의 범위는 문을 두드리기까지입니다. 그 음성을 들려주는 것과 더불어 거하는 것은 주님의 몫입니다. 한 사람의 인생이 예수에게 마음을 내어주겠다는 결심까지 나아가는 과정은 단순하지 않습니다. 그것은 강제로 될 수도 없고, 회유로도 안 될 일이고, 그것을 예수 대신 사람이 맘대로 해서 될 일도 아닙니다.

  이 대목에서 하나 상기하고 갈 것이 있습니다. 우리의 회심은 왜 변질되었을까 하는 질문이에요. 아나뱁티스트^{Anabaptist} 신학자 알렌 크라이더$^{Alan\ Kreider}$의 『회심의 변질』(대장간 2012)이란 책을 보면 초대교회에서 누군가가 세례 받으려면 평균 3~4년은 걸렸다고 합니다. 박해받는 공동체 입장에서는 찾아온 사람들을 별로 반기지도 않았고, 혹시 제국의 첩자가 아닐까 하는 의심이 사라질 때까지, 즉 찾아온 구도자들에게서 삶의 변화와 진정성이 보일 때까지 기다렸다는 겁니다. 삶에서 뚜렷한 변화를 보이고, 기독교인이 되는 것이 자기 인생에 불이익을 줄 수 있다는 사실을 다 알고도 신자가 되기를 원하는 이들에게만 교리 교육을 시키고, 세례를 주었으니 수년이 걸렸다는 거지요. 삶의 변화가 먼저고 교리 교육은 나중이었습니다. 세례는 그 모든 과정을 진실로 잘 통과했음을 인증하는 공동체의 허입 의식이었습니다.

  그런데 4세기에 콘스탄티누스 황제에 의해 기독교가 공인되고, 결국 국교로 승인되자 온갖 사람들이 교회로 몰려오기 시작합니다. 그 가운데 한 사람이었던 클라비우스 왕은 자신의 병사들과 집단 세례를 청했는데, 전쟁을 앞두고 있던 그는 갑옷을 벗지 않은 채 그대로 세례 받았습니다. 알렌 크라이더는 그 사건을 놓고, 기독교 신앙을 갖는 것이 그에게서 갑옷을 벗어야 하는 결단이 되지 못하고, 그의 권력과 무력을 그대로 승인하는 것으로 변질되었다고 지적합니다. 우리의 전도와 선교 역시 기존의 권력과 질서와 위세를 그대로 승인하고, 이를 활용하려는 기대감으로 이루어지는 것은 아닌가요? 지금은 아마 무력은 아니겠지만, 여전히 세력을 얻고, 재산을 불리는 자본주의적 존재방식을 확산시키고 강화시키고자 하는 기대가 깔려 있어서는 곤란하겠지요. 성 프란체스코$^{Saint Francesco}$는 '복음을 전하기 위해 할 수 있는 모든 것을 행하라. 그리고 꼭 필요하다면 말을 하라'고 했었다지요. 우리는 말하는 것보다 '현존^{presence}의 전도' 즉, 무엇을 함으로써가 아니라 어떤 존재가 됨으로써 더 큰 말씀을 전할 수가 있습니다. 우리의 전도와 선교에 그 원칙은 어떻게 관철되고 있는 걸까요?

그러나 회심은 일어난다

전도/선교 역시 노력의 문제가 아니라 원천적으로 불가능의 영역이라고 말할 수 있습니다. 우리는 소통에 대해 많이 이야기하지만, 저자에게서 발신된 메시지가 수용자에게 정확히 가닿고 그 의미의 왜곡 없이 전달되는 일은 수많은 잡음과 굴절과 훼방을 통과해야만 가능한 희소한 사건입니다. 게다가 그 수용자가 받은 메시지를 타협과 왜곡 없이 그대로 받아들이기로 결단하는 것은 또다른 우주적 사건입니다. 최대의 선의를 담은 전도/

선교의 행위가 그 메시지의 전달과 수용을 한치도 증가시킬 수 없거나, 때로는 훼손하는 경우도 허다합니다. 이는 전도/선교에 대한 허무주의적 관점을 일으킬 수밖에 없습니다.

제가 영국에서 신학을 공부할 때 읽은 선교학 과목의 교재 제목이 『선교와 무의미성』*Mission and Meaninglessness*이었습니다. 서구의 선교학계에서는 이미 이런 방식으로 사안을 들여다보고 있었던 것이지요. 물론 그 책의 결론은 선교가 무의미하니까 할 필요가 없다는 것이 아니라, 이런 시대에 선교가 가능하고, 필요한 이유를 설득하는 내용이었습니다. 전도/선교를 위해 투입한 자원과 역량에 걸맞은 결과물이 없더라도 그것을 해야 할 소임이 있고, 그것을 수행하도록 부름받았다는 주장은 결과주의에 찌든 우리의 심성으로는 이해도 되지 않는 궤변처럼 여겨질지도 모릅니다. 그러나 이미 우리는 이런 통찰에 귀 기울여야 하는 시대에 접어들었다고 생각합니다. 전도와 선교가 단지 전략의 문제로 여겨지는 시대에 그것은 성도들이 세상 속에 어떻게 존재할지를 논하는 존재양식*mode of being*이라고 주장하는 것, 좀 낯설긴 하겠지만 바로 이것이 우리가 앞으로 탐색해야 하는 통찰이라고 저는 생각합니다.

목회자는 전업 사역자입니다. 그는 전도도 하고, 선교도 하는 일에 전적으로 자기 삶을 드린 사람입니다. 그가 자신의 소명을 직업적으로 잘 수행하기 위해 노력하는 것은 바람직한 일입니다. 그런데 방금 이야기한 맥락에서 이런 분들의 직업은 수행 가능한 것일까요? 상대의 회심을 바라지 않고 목회자의 일을 한다? 엄밀히 말하면 '바라지 않고'가 아니고, '강제하지 않고'쯤 되겠지요. 마치 교사의 업무가 강압과 회유를 써서 학생들 머릿속에 지식을 넣어주는 것처럼 여기던 시대를 지나, 지금은 학생의 자발적 학습과 깨우침을 돕는 존재로 교사의 직을 이해하는 것과 비슷할 것 같습니다. 본질적으로 가르치는 행위도 누군가의 뇌를 열어 지식을 주입하는 행위가 아닌 것처럼(우리 모두가 그런 주입식 교육의 시대를 거쳐왔다는 엄연한 역사를 인정하더라도, 그로 인해 우리가 깨우친 것은 그것이 진정한 교육의 이상에는 부합하지 않는다는 공감대 아니었습니까?) 전도와 선교의 행위 역시 회심을 주입시키고, 개종을 연출할 수는 없습니다. 모든 교사의 꿈은 자신보다 더 뛰어난 제자를 길러내는 것이겠지요. 좋은 교사는 좋은 제자들을 길러냅니다. 그러나 그 선생님들의 마음 깊은 곳의 고백은 무엇입니까? '내가 가르친 것이 아니다'입니다. 최선을 다해 가르쳤음에도 불구하고, 궁극적으로 내가 가르친 것이 아니라 그 지식의 습득과 지혜의 발전은 그 학생 안에서 벌어진 일이라는 사실을 엄정하고도 겸허하게 인정하는 모습, 저는 우리들의 전도와 선교가 바로 그런 인식으로 재조정되어야 하지 않는가 생각합니다. 세속성자들의 전도/선교에 대한 인식과 관심은 목회자들의 직무와 열심을 폄하하거나 해체하는 것이 아닙니다. 그것은 거기에 그대로 있습니다. 그러나 그를 수행하는 방식과 그 직무를 이해하는 방식은 과거와 같지 않기를 요청하는 것입니다.

앞에서 언급한 신앙생활을 구성하는 여러 주제들, 믿음·기도·예배·전도는 세속성자의 시대에 부정되거나, 폄하되지 않습니다. 오히려 새롭게 그 의미가 정립되고, 재평가되고, 재활성화될 것입니다. 그것은 과거에 이를 인식해온 방식과 달리 이해되어야 하고, 관행적으로 수행해온 방식을 멈추거나 바꿈으로써 오히려 더 그 원래적 특성과 날카롭게 대면하기를 원합니다. 그래서 우리가 선한 동기로 범하는 수많은 실수들을 줄이고, 의도하지 않게 끼친 불편과 무례를 돌이키고, 더 흔쾌히 신앙의 핵심적 과제를 감당하고자 하는 것입니다. 세속성자의 신앙생활은 우리가 이미 결승점을 통과한 자로 여기지 않고 아직 달려갈 길이 남아 있는 자의 심정으로 신앙생활을 하자는 말과 다르지 않습니다. 신앙은 지속적이고 역동적인 구도求道의 과정입니다. 한 순간 완성되어서 더이상 새로움도 놀라움도 없는 화석이 아니고, 늘 새로운 도전과 탐구 앞으로 우리를 이끄는 '가보지 않은 길'입니다. 세속성자의 신앙은 과거를 돌아봄으로써 안정감을 찾기보다는 미래를 향한 도전을 통해 자신의 신앙을 찾아보려는 '시간 여행자'의 자리에서 제대로 이해될 수 있지 않을까 합니다. 우리는 아직 도달하지 않은 그 나라의 시간대를 이미 당겨서 사는 이들이기 때문입니다.

3부

남겨진 것들

The Remains of the Day

9. '천당' 말고 '하나님 나라'

> 바리새파 사람들이 하나님의 나라가 언제 오느냐고 물으니,
> 예수께서 그들에게 대답을 하셨다.
> "하나님의 나라는 눈으로 볼 수 있는 모습으로 오지 않는다.
> 또 '보아라, 여기에 있다' 또는 '저기에 있다' 하고 말할 수도 없다.
> 보아라, 하나님의 나라는 너희 가운데에 있다."
> —누가복음 17:20~21

천당과 하나님 나라

기독교 신앙의 핵심은 무엇일까요? 어떤 이들은 '예수천당, 불신지옥'이란 슬로건 안에 다 들어 있다고 생각할 수도 있고, 복음전도를 위해 읽어주는 『사영리』의 내용이 기독교의 핵심을 요약하고 있다고 생각할 수도 있습니다. 혹은 '믿음, 소망, 사랑'을 떠올리거나, 우리의 '몸을 하나님께서 기뻐하실 거룩한 산 제물로 드리는'(로마서 12:1) 예배를 기억할 수도 있지요. 기독

교 신앙의 핵심은 성경이 분명히 가르치는 내용에 근거해야 하며(성경 중심, scripture-centered), 예수 그리스도의 인격과 사역에서 뚜렷이 드러난 가르침에 바탕을 두고 있어야 한다(그리스도 중심, Christ-centered)고 말할 수 있습니다. '하나님 나라'kingdom of God는 성경 전체를 관통하는 핵심 주제이고, 특히 복음서에서 예수 그리스도의 사역을 압축적으로 요약하는 메시지라는 점에서 기독교 신앙의 중심부에 자리하고 있습니다. 그러나 단지 하나님 나라를 많이 말하는 것만으로는 그 중심성이 충분히 살아났다고 말하기 어려워요. 이 개념이 그간 겪어온 오해와 왜곡, 남용의 역사도 만만치 않기 때문이지요. 그래서 우리는 '하나님 나라'의 중요성과 더불어 오남용의 가능성까지 함께 성찰하면서 논의를 진행시켜야 하겠습니다.

저는 대학에 들어가서 '하나님 나라'라는 용어를 처음 들었습니다. 그전부터 좀더 대중적으로 기독교에서 사용하는 개념은 소위 죽어서 가는 '천당과 지옥'이 있지요. 길거리나 지하철에서 전도자가 소리치는 '예수천당 불신지옥'의 바로 그 개념입니다. 그 연장선에서 언제 휴거携擧, Rapture가 일어난다는 시한부 종말론, 종말의 시대를 상징하는 666이란 숫자의 상징이 오늘날 바코드나 베리칩에 들어 있다는 세대주의적 사고, 세계대전이나 한반도의 전쟁 혹은 자연재해를 종말의 상징이라고 우기며 주기적으로 등장하는 예언들, 그리고 낙태·동성애 등을 종말의 징표라 해석하고 이와 싸우며 신앙의 순수성을 방어한다고 여기는 태도들이 다 비슷한 맥락을 공유하고 있습니다. 임사체험이나 천국을 다녀왔다거나, 혹은 지옥을 보고왔다는 간증들도 이런 '천당과 지옥' 담론을 대중적으로 유통시키는 유력한 방식입니다. 이런 경향에 대한 반발이나 비판적 입장으로 천국과 지옥, 혹은 종말론을 다룬 신학서적들도 꽤 많이 출판되었습니다.

성경에는 비유나 상징적 표현으로 쓴 경우를 제외하면 지옥이나 사후세계에 대한 언급이 놀랄 정도로 적습니다. 반면에 역사적으로 사후세계에 대한 관심이나 천당과 지옥에 대한 상징은 여러 개별 문화권의 고유한 상징과 이미지 혹은 지배적 세계관의 영향을 많이 받아왔습니다. 그러다보니, 정작 성경에서 이 주제를 어떻게 다루는지를 잘 모르는 경우가 많지요. 대체로 '하나님 나라' 개념은 과도하게 '종교화'되거나, 극단적으로 '세속화'되는 방식으로 사용되었습니다. 사람들이 관행적으로 생각하는 '저세상'의 의미로 대치되어 '천당/지옥'이란 용어 패키지에 전적으로 종속되기도 하고, '누가 하나님 나라에 들어갈 수 있는가'를 교회의 전통과 사제들의 독점적 권한에 두도록 제도를 만들기도 했습니다. 반면에 우리는 유토피아를 추구하는 모든 노력의 배후에는 모종의 세속화된 '하나님 나라' 개념이 어른거리고 있음을 종종 봅니다. 이성의 능력을 절대적으로 신뢰했던 근대와 다시 이를 넘어서려는 포스트모던 시대를 거치면서 종교적 언어는 사라졌지만, 개인과 사회 속에서 작동하는 다양한 개념과 현상들의 배후에는 짙은 종교성이 자리잡고 있는 경우가 많지요. 이에 대한 적절한 비판과 극복을 위해서는 '하나님 나라'의 의미를 제대로 조명해보는 것이 도움이 될 듯합니다.

성경에는 '하나님 나라' 천지예요. 신약에서는 약 160여회 언급되는데, '하나님 나라' '하늘나라'$^{kingdom\ of\ Heaven}$ 등으로 주로 표기됩니다. 특히 4복음서에만 100회가 넘습니다. 성경은 예수의 등장과 주요한 사역적 전환을 '하나님 나라'란 표현으로 특별히 강조하며 알립니다.

> 요한이 잡힌 뒤에, 예수께서 갈릴리에 오셔서, 하나님의 복음을 선포하셨다. "때가 찼다. 하나님의 나라가 가까이 왔다. 회개하여라. 복음을 믿어라." (마가복음 1:14~15)

> 너희는 먼저 하나님의 나라와 하나님의 의를 구하여라. 그리하면 이 모든 것을 너희에게 더하여주실 것이다. (마태복음 6:33)

부활 이후 예수께서 지상에서 하신 사역이 '하나님 나라의 일'이었고, 사도 바울이 연금 상태에서 했던 모든 사역을 집약하는 표현이 '하나님 나라'였습니다. 그들은 '하나님 나라'를 전파하고 있었던 것입니다.

예수께서 고난을 받으신 뒤에, 자기가 살아계심을 여러 가지 증거로 드러내셨습니다. 그는 사십 일 동안 그들에게 여러 차례 나타나시고, 하나님 나라에 관한 일들을 말씀하셨습니다. (사도행전 1:3)

그는, 아침부터 저녁까지, 그들에게 하나님 나라를 엄숙히 증언하고, 모세의 율법과 예언자의 말을 가지고 예수에 관하여 그들을 설득하면서 그의 속내를 터놓았다. (…) 바울은 자기가 얻은 셋집에서 꼭 두 해 동안 지내면서, 자기를 찾아오는 모든 사람을 맞아들였다. 그는 아무런 방해도 받지 않고, 아주 담대하게 하나님 나라를 전하고, 주 예수 그리스도에 관한 일들을 가르쳤다. (사도행전 28:23, 30~31)

성경에서 사용하는 '나라'^{kingdom}란 단어는 구약에서는 히브리어 '말쿠트'^{malkut}이고, 신약에서는 헬라어 '바실레이아'^{basileia}인데, 지금 영토·국민·주권을 그 구성요소로 꼽는 근대적 국가 개념과는 달리 주권^{sovereignty}, 통치^{reign}를 의미합니다. 즉, '하나님의 다스림이 이루어진 상태'를 '하나님의 나라'라고 표현하는 거지요. 그래서 신약시대에는 성령의 능력이 발휘되는 것은 곧 하나님의 통치를 입증하는 것으로 간주되곤 했습니다.

> 그러나 내가 하나님의 영을 힘입어서 귀신을 쫓아내는 것이면, 하나님의 나라는 너희에게 왔다. (마태복음 12:28)

하나님의 나라는 세상의 제도나 구조에 구애받지 않는데, 심지어는 기존의 종교체제와도 상관이 없습니다. '양과 염소의 비유'(마태복음 25:31~46)에서는 마지막 때에 누가 아버지의 나라에 들어갈 것이냐를 두고 모든 민족을 양과 염소로 가르는데, 뜻밖에도 당연히 그 나라에 들어갈 것이라 생각한 이들은 거부되었고, 전혀 예상하지 않은 이들은 받아들여졌습니다. 예수의 비유와 행적들은 누가 하나님 나라에 들어가는가에 대한 유대교의 전형적 기대를 크게 뒤집어엎었지요.

> 바리새파 사람들이 하나님의 나라가 언제 오느냐고 물으니, 예수께서 그들에게 대답을 하셨다. "하나님의 나라는 눈으로 볼 수 있는 모습으로 오지 않는다. 또 '보아라, 여기에 있다' 또는 '저기에 있다' 하고 말할 수도 없다. 보아라, 하나님의 나라는 너희 가운데에 있다." (누가복음 17:20~21)

하나님 나라는 '하나님의 통치'$^{reign\ of\ God}$이기에 사람들은 끊임없이 그 통치가 누구에게, 어디서, 언제, 어떻게 임하는지 촉각을 곤두세웠습니다. 하나님의 통치는 '귀신이 쫓겨나가는 곳' '병이 고침을 받는 곳', 이방인 고넬료나, 에티오피아 내시의 경우처럼 '성령이 가시적으로 임하는 현장'에서 드러났습니다. 계급, 인종, 성별, 위계, 종교적 판단에 구애받지 않고 하나님의 주권적 선택에 따라 도발적이고 전복적으로 나타났습니다. 예수 그리스도의 사역은 우발적으로 하나님 나라의 메시지와 겹친 것이 아니라, 공생애 시작을 알린 갈릴리 나사렛 회당의 선언에서부터 일관되게 의도적으로 관철되어왔습니다. 예수는 자신의 사역을 '하나님 나라' 그 자체와 동일시했습니다. 그는 스스로 하나님 나라의 구현자였습니다.

> 주님의 영이 내게 내리셨다. 주님께서 내게 기름을 부으셔서, 가난한 사람에게 기쁜 소식을 전하게 하셨다. 주님께서 나를 보내셔서, 포로된 사람들에게 해방을 선포하고, 눈먼 사람들에게 눈뜸을 선포하고, 억눌린 사람들을 풀어주고, 주님의 은혜의 해를 선포하게 하셨다. (누가복음 4:18~19)

예수가 추구했던 하나님 나라의 구성원에는 예상치 않았던 이들이 파격적으로 포함되었고, 마땅히 포함되리라 기대했던 이들은 거부당했습니다. 당대에 가장 유력한 종교인들인 바리새인, 사두개인들과 왕족들은 거부당하였으나, 문둥병자, 혈루증 환자, 시각장애인, 병자, 거지, 창녀, 세리 등에게는 문이 활짝 열렸습니다. 하나님 나라는 우리의 고정관념을 뒤흔들면서 전복적인 방식으로 선포되어 사람들이 격렬히 침범하는 모습으로 묘사되었습니다. 어느 계급, 인종, 성별, 나이, 직종에 속해 있건 예수의 메시지에 반응한 사람은 그 나라의 일원으로 환영받았습니다.

> 율법과 예언자는 요한의 때까지다. 그 뒤로부터는 하나님 나라가 기쁜 소식으로 전파되고 있으며, 모두 거기에 억지로 밀고 들어간다. (누가복음 16:16)

박철수 목사는 『하나님 나라』(대장간 2015)에서 두 가지 일화를 들려줍니다. 하나는 1974년 복음주의자들의 역사적 회합이었던 로잔대회에서 영국의 신학자 마이클 그린 Michael Green이 참가자들에게 "하나님 나라에 대해 들어본 적이 있으신가요?"라고 물어보았던 일화입니다. 다른 하나는 저명한 신약학자 하워드 마샬 Howard Marshall이 당시 16년간 신약학을 가르쳐왔으나 이 주제로 설교를 들어본 것이 두 번밖에 없었다고 말한 일화입니다. 신약학계에서는 이 주제가 매우 중요한 학문적 주제가 된 지 수십년이 지났지만, 성도들의 신앙생활이나 목회의 영역에서 이를 제대로 다루는 경우는 서구나 한국이나 여전히 드문 실정입니다.

하나님 나라는 예수의 공생애 사역의 핵심이었습니다. 또한 하나님 나라는 부활과 승천하신 예수의 최대 관심사를 집약하는 말이기도 합니다. 그러므로, 하나님 나라는 그 용어의 빈도나 비중으로 보아도 우리에게 매우 익숙한 것이어야 마땅하지만 우리에게는 이 용어의 전모가 너무나 낯섭니다. 오히려 주로 '천당' 혹은 '천국'이란 이름으로 '죽어서 갈 저세상'의 이미지가 압도적이지요. '오늘이라도 세상을 떠난다면 천국에 들어갈 확신이 있으십니까?'와 같은, 전도폭발 훈련에서의 질문이 대표적입니다. 정해진 모범답안을 말하지 못하는 이는 구원의 확신이 없고, 천국에 갈 수 없다고 간주됩니다. 그런데, 예수는 이런 식의 천국, 천당 이야기에 비중을 두지 않았습니다.

그러므로 너희는 그 열매를 보고 그 사람들을 알아야 한다. 나더러 '주님, 주님' 하는 사람이라고 해서, 다 하늘나라에 들어가는 것이 아니다. 하늘에 계신 내 아버지의 뜻을 행하는 사람이라야 들어간다. 그날에 많은 사람이 나에게 말하기를 "주님, 주님, 우리가 주님의 이름으로 예언을 하고, 주님의 이름으로 귀신을 쫓아내고, 또 주님의 이름으로 많은 기적을 행하지 않았습니까?" 할 것이다. 그때에 내가 그들에게 분명히 말할 것이다. "나는 너희를 도무지 알지 못한다. 불법을 행하는 자들아, 내게서 물러가라." (마태복음 7:20~23)

신앙은 열정의 강도나 행동의 빈도가 아니고, 열매로 안다고 했습니다. 하나님 나라의 열매는 무엇일까요? "하나님의 나라는 먹는 일과 마시는 일이 아니라, 성령 안에서 누리는 의와 평화와 기쁨입니다."(로마서 14:17) 우리는 이 내용이 의미하는 바를 다시금 새겨보아야 합니다.

나라가 임하소서

우리는 예수가 가르친 기도의 모범에서 '하나님 나라'를 구하라는 내용을 발견합니다. 그의 제자들이 마땅히 어떻게 기도해야 하는지를 물었을 때, 예수의 강조점은 변함이 없었습니다.

> 하늘에 계신 우리 아버지, 그 이름을 거룩하게 하여주시며, 그 나라를 오게 하여주시며, 그 뜻을 하늘에서 이루심같이, 땅에서도 이루어주십시오. (마태복음 6:9~10)

세 가지를 구하라고 했습니다. 하나님의 이름이 거룩히 여겨지는 것, 하나님 나라가 임하는 것, 뜻이 하늘에서처럼 땅에서도 이루어지는 것, 이 셋은 사실상 상호 교환이 가능한 내용입니다. 세 번 말했지만, 사실은 하나를 말한 것입니다. 하나님 나라는 하나님의 이름이 거룩히 여김 받고, 그의 뜻이 하늘에서처럼 땅에서도 이루어지는 것을 의미합니다. 주기도문은 하나님 나라를 구하는 기도에 다름 아니지요.

> 오늘 우리에게 필요한 양식을 내려주시고, 우리가 우리에게 죄 지은 사람을 용서하여준 것같이 우리의 죄를 용서하여주시고, 우리를 시험에 들지 않게 하시고, 악에서 구하여주십시오. 나라와 권세와 영광은 영원히 아버지의 것입니다. 아멘. (마태복음 6:11~13)

그런데 그의 나라가 임한다는 것은 종말을 맞아 휴거를 받는 것이 아니라, 일용할 양식을 먹고, 죄 짓고 빚진 자를 용서해주며, 시험에 들기보다는 악에서 건짐을 받는 삶을 뜻합니다. 우리의 일용할 삶이 고스란히 하나님 나라를 구하는 삶에 겹쳐집니다. 우리가 일상을 어떻게 살아내느냐가 하나님 나라가 임하는 것과 직결됩니다. 그 나라가 임할 때에는 우리가 상상하지 못한 일들이 벌어지기도 합니다. 성경에서는 예언과 묵시, 이적과 기사가 동반되기도 하지요. 우리는 하나님 나라가 비상한 상황에 그 위엄과 능력을 드러내며 임하시기를 기대합니다. 그러나 '하나님 나라'는 내세/저세상이 아닙니다. 그것은 '약속의 땅'이고, '새하늘 새땅'이지만 언제나 지금-이곳$^{Here\ and\ Now}$으로 그려집니다. 천지를 창조하신 하나님이 자신이 창조한 하늘과 땅을 포기하고 다른 행성으로 이민가거나 망명한다는 이야기는 기독교 이야기가 아닙니다. '새 예루살렘'은 '하나님께로부터 하늘에서 내려'옵니다(요한계시록 21:2).

세속주의자들은 초월적 영역을 부정하고 모든 전망을 세계 내부에서 찾을 수밖에 없기에 세계 내적 유토피아를 온갖 방법으로 모색했습니다. 그러나 세속적 유토피아의 기획은 그 의도와 달리 심각하게 일그러지거나 파국으로 끝나곤 했습니다. 우리는 흔히 이를 '하나님 없는 유토피아'의 실패라고 비판해왔지만, 그렇다고 해서 하나님 나라 백성들이 세상 속에 유토피아를 추구하는 이들의 노력을 비웃고만 있어도 괜찮은 것은 아닙니다. 유토피아의 매개자를 자처하며 또다른 유사 메시아주의자가 되어버리는 것은 문제입니다만 역사적 유토피아주의자들이 보여준, 현실을 뛰어넘는 이상의 상당 부분은 성경의 상상력에서 빌려왔고, 이를 추구하는 열정과 윤리는 기독교의 이상에 빚진 바가 큽니다. 『유토피아』*Utopia*를 쓴 토마스 모어*Thomas More*를 비롯해서 유토피아적 사상의 역사를 살펴보면 이 땅에서 하나님 나라의 이상을 그렸던 그리스도인들의 이름을 여럿 발견할 수 있습니다. 우리는 좌우를 막론하고 이들의 역사적 시도와 한계를 잘 살펴서 오늘날 우리들의 신앙적 고투에 자산으로 삼아야 마땅합니다.

우리가 먼저 해야 할 일은 '하나님 나라'에 대한 가슴 벅찬 감동과 기대를 회복하는 일입니다. 그것은 눈부시게 이 땅에 드러났고, 거침없이 선포되었고, 헌신적으로 실천되었습니다. 하나님 나라의 전망에 압도되는 경험이 우리에게는 필요합니다. 그리고 그 전망을 통해 이 땅의 교회와 그리스도인들을 돌아보아야 합니다. 하나님 나라의 비전은 어떤 모습으로 지상 교회에 투영되어 있고, 인식되고 있으며, 실천되고 있는지를 물어야 합니다. 성서학자들은 하나님 나라가 '이미^{already}와 아직$^{not\ yet}$'의 긴장 가운데 역사 속에 드러난다고 말합니다. 그것은 이미 왔지만, 아직 완전한 도래를 이룬 것은 아니며, 그러하기에 우리는 그 중간시대를 사는 창조적 긴장을 낯선 것이 아니라 당연한 것으로 여겨야 합니다. 하나님 나라를 지금 이 시대, 이 땅에서 살아내기 위한 노력은 교회론^{ecclesiology}과 선교론^{missiology}이라는 두 가지 중요한 영역으로 나누어 고찰할 수 있습니다.

바실레이아와 에클레시아

강조했다시피 '하나님 나라'^{basileia}는 예수 그리스도 사역의 핵심이었고, 성경의 중심 과제였습니다. 그러니 그것이 오늘날의 교회^{ekklesia}를 통해 어떻게 성공적으로 증거되고 성취될 것인가는 모든 그리스도인들의 관심사가 아닐 수 없습니다. 우리는 2천년간의 교회사를 되돌아보면서, 자신이 속한 특정한 교단과 교파의 전통을 따라 형성된 협소한 교회관을 넘어서기 위해 노력할 필요가 있습니다.

에클레시아는 종교집단을 뜻하는 특별한 용어가 아니고, 신약시대에 흔히 사용되던 단어입니다. 그리스 도시국가에서는 민회^{assembly}로 모인 시민들을 에클레시아라고 부르거나, 전쟁에 나가기 위해 모인 군대를 역시 에클레시아라고 불렀지요. 에클레시아란 '어떤 목적을 위해 불러서 모인 집단'을 일컫는 일반명사였어요. 에클레시아는 그런 점에서 모일 이유가 분명했고, 그 목적을 완수할 때까지만 성립되는 한시적 공동체를 뜻했습니다.

초기 기독교 공동체를 당시 유대인들의 회당을 빗대어 '기독교 회당'$^{a\ Christian\ synagogue}$이라고 부르지 않은 것도 특기할 만하지요. 특정한 장소나 공간이나 제도가 기독교 공동체를 형성하는 핵심 요소가 아니었기 때문으로 생각됩니다. 그리스도인들은 가정집, 회당, 광장, 심지어는 카타콤 같은 공동묘지에서도 에클레시아로 모였습니다. 초대교회의 예루살렘 에클레시아가 박해로 깨어진 이후에 기독교인들은 지중해 전역으로 흩어졌지만, 박해가 끝나고 다시 모여 자신들의 규모와 결속력을 과시하려 들지 않았고, 오히려 자신들이 퍼져들어간 곳에서 새로운 에클레시아를 어렵지 않게 시작했습니다. 초대교회의 왕성한 확장은 에클레시아 자체의 단순성, 즉 특정한 목적을 성취하는 데 부합한다면 어떤 방식이든 시도 가능한 민첩함에 있지 않을까 싶습니다.

오늘날 우리의 교회론은 특정한 이미지에 너무 깊이 고착되어 있습니다. 뾰족탑, 강대상, 장의자, 파이프오르간 같은 물질적 근거에 깊이 의존하거나, 개신교 특유의 어떤 사회적 인간형, 관계맺는 방식, 목회자의 말투, 기도하는 방법 등의 '교회문화'와 동일시되기도 합니다. 이런 것들은 오늘날 한국 개신교를 설명해주는 일부임에 분명하지만, 그것 자체가 에클레시아의 핵심이거나 본질일 수는 없습니다. 에클레시아는 언제나 바실레이아, 즉 '하나님 나라'의 적절한 표현일 때에만 존재의 정당성을 확보할 수 있습니다. 그 반대가 아닙니다. '하나님의 다스림'인 바실레이아를 지상적으로 대리하고, 그 비전을 성취하기 위해서 에클레시아는 언제든 스스로를 재구성하고, 갱신해갈 자세를 지녀야 합니다. 에클레시아가 바실레이아의 가치에 순종하고, 헌신하는 것을 훼방하는 모든 것은 개혁되고, 개선되어야 마땅합니다. 주님은 그리스도의 백성들이 언제나 드려야 할 기도를 이렇게 가르쳐주었습니다. "하늘에 계신 우리 아버지, 그 이름을 거룩하게 하여주시며, 그 나라를 오게 하여주시며, 그 뜻을 하늘에서 이루심같이, 땅에서도 이루어주십시오." 그 나라를 구하는 것이 우리 기도의 핵심입니다. 그것은 바실레이아가 이 땅의 에클레시아에 임하는 것이 매일매일 기도의 제목으로 삼아야 할 만큼 간절한 것이며, 동시에 매일매일 새로운 방식으로 이루어져야 함을 일깨웁니다. 그리스도의 제자들은 일용할 양식을 구하는 것만큼 바실레이아를 두고 기도하는 이들입니다. 우리의 기도와 일상에 바실레이아는 그만큼 큰 비중을 차지하고 있습니까?

10. 교회는 어디에 있는가?

> 두세 사람이 내 이름으로 모여 있는 자리,
>
> 거기에 내가 그들 가운데 있다.
>
> —마태복음 18:20

교회가 하나님 나라인가?

교회는 과연 '성도들의 공동체' community of saints 인가요, 아니면 '죄인들의 공동체' community of sinners 인가요? 각각 어떤 의미에서 그러한가요? 교회의 이상과 현실을 단순히 대비시킨 것인가요, 아니면 영구적으로 교회의 본질이 그러하다는 선언인가요? 교회의 이중적 성격에 대한 신학적 논의는 아직도 논쟁중인 주제입니다. 그러나 분명한 것은 교회는 그 이상과 현실 사이에서 끊임없는 자기성찰과 자기갱신을 통해 종말론적 이상을 향해 나아가는 영적 순례자^{pilgrim}이자, 세상 속의 거류민^{sojourners}이란 자의식을 잃지 말아야 한다는 사실입니다. 그 창조적 긴장을 놓치는 순간, 우리는 남과 자신을 향해 오만과 기만 사이를 오가는 비참한 존재가 될 수밖에 없습니다. 우리는 이런 조건 위에서 '하나님 나라'의 실재성을 추구해야 합니다.

"교회가 곧 하나님 나라다"라는 입장은 전통적으로 가톨릭교회의 것이었습니다. 지상에 존재하는 하나님 나라의 유일한 매개자가 교황을 필두로 하는 가톨릭교회란 선명한 관점을 견지해왔지요. 제2차 바티칸공의회 이후 가톨릭교회의 전통적 교회론에도 많은 변화가 있었지만, 개신교 전통과 비교하면 여전히 교회와 하나님 나라를 강하게 동일시한다고 볼 수 있습니다. 메노나이트^{Mennonite} 교단 등이 포함되는 아나뱁티스트 전통은 가톨릭교회와는 전혀 다른 의미에서 지상교회가 곧 하나님 나라의 최전선이란 인식을 갖고 있습니다. 유아세례를 부정하고, 신자의 세례$^{believer's\ baptism}$를 주장하는 이들은 세상을 향한 '대조사회'$^{contrast\ society}$가 되라고 부름받은 공동체라는 소명의식이 강한데, 이는 다른 기독교 전통의 교회론에 신선한 자극이 되고 있습니다. 한국에서는 접하기 어려운 정교회$^{Orthodox\ Church}$ 전통도 좋은 자극을 제공합니다.

그러나, 저는 '하나님 나라는 교회보다 크다'고 말하는 것이 옳다고 생각합니다. 루터에서 칼뱅$^{Jean\ Calvin}$으로 이어지는 개신교 주류 전통에는 '말씀선포와 성례가 바르게 이루어지는 곳은 참된 교회다'는 공감대가 있습니다. 또한 지상교회는 이상과 현실 사이의 종말론적 긴장관계를 당연히 갖고 있으며, 교회란 건물이나, 예식/전례로 환원될 수 없는 '신자들의 공동체'란 고백에도 동의합니다. 그리고 그 신자들이 언제나 특정한 제도교회에 소속되지 않을 가능성(수도원이나 자발적 신앙결사체)도 일정하게 열어두고 있습니다. 한편 종교개혁의 '만인제사장'이해나 '직업소명론'은 성도들의 관심과 시야가 좁은 의미의 교회생활에 국한되지 않으며, 오히려 세상 속에서 삶으로 실천되고 증거되어야 마땅하다는 인식도 싹트게 했지요.

세계교회는 20세기 선교운동이 맞닥뜨린 다양한 질문에 답을 해나가는 와중에 교회와 선교의 관계를 설명하는 새로운 논의를 발전시켜나갔습니다. 세계교회협의회$^{WCC:World\ Council\ of\ Churches}$는 에큐메니컬 운동의 맥락에서 이를 심화 확장시켜 '하나님의 선교'$^{missio\ dei}$(1952년 IMC 빌링겐 대회에서 등장)라는 개념을 제안했습니다. 이는 단순히 요약하자면, '하나님이 세상 가운데서 행하시는 모든 것이 선교'라는 인식입니다. '교회가 세상 속에서 복음을 전하는 것이 선교'라며 교회를 복음전파의 주체로 생각하던 기존 개념과는 차이를 보이는 입장이지요. '하나님의 선교' 개념은 교회가 주도하거나, 교회를 경유하지 않더라도, 심지어는 비그리스도인들이 수행하더라도 세상 속에서 벌어지는 모든 하나님의 행하심을 선교로 간주할 수 있다고 보았고, 당시 그것은 정의를 위한 정치적 투쟁, 경제적 불평등에 대한 조직적 항의 등 정치, 경제, 사회, 문화 모든 영역의 과제를 선교 개념에 포함시키는 역할을 했습니다. 세계교회협의회의 이런 시도는 당시의 급진신학, 정치적 행동주의, 혹은 신학의 이데올로기적 전용 등이 기독교적 과제로 논의되는 데 기여했습니다. 그러나 이로 인해 개신교권이 보수-진보로 갈라져 격렬한 찬반 논쟁을 벌이게 된 것은 불가피한 귀결이었습니다.

반면에 1970년대까지 복음주의권은 '사회참여'와 '복음전도'를 구별하고, 이 양자간의 관계에서 영혼의 구원을 우선시하며 '복음전도'의 우선권을 확고하게 주장하는 특징을 보였습니다. 그러나 1974년 로잔대회를 통해 복음주의 선교관에도 중요한 변화가 일어났는데, '복음전도'와 '사회참여'가 병행되어야 할 가치이며, '새의 양 날개'와 같은 역할을 한다는 인식이 제기되었습니다. 2010년 제3차 로잔대회의 결과물인 '케이프타운 서약'은 심지어 '하나님의 선교'라는 용어도 거리낌 없이 사용하면서, 선교적 실천을 위해 '정의' '평등' '평화' 등 과거 진보적 의제로 여겼던 많은 과제를 적극 수용하고 있습니다. 시간적 간격은 있지만, 에큐메니컬 운동과 복음주의 운동은 선교에서 '하나님 나라'를 중심 개념으로 사용하자는 데에는 확실한 공감대를 형성한 것으로 보이고, '하나님의 선교' 개념도 그간의 급진적 용례를 넘어서서 보수와 진보의 틀에 매이지 않고 중요한 논의를 수렴할 수 있는 개념으로 다듬어졌습니다.

오늘날 신학계에서는 '선교적 교회'missional church란 주제로 교회론과 선교론이 통합적으로 다루어져야 한다는 인식이 새삼 강조되고 있습니다. 종교개혁이 구원론에 대한 근원적 문제제기를 통해 교회론을 갱신했다면, 지금 우리는 선교론에 대한 새로운 문제제기를 통해 교회론이 갱신되는 과정을 실시간으로 보고 있는 셈입니다. 교회란 '하나님 나라'를 세상 속에서 증거하는 기능을 핵심으로 합니다. 동시에 세상 속의 교회는 그 시공간적 제한 속에서 종말론적 이상에 충실한 모습으로 존재하고 활동해야 합니다. 우리는 끊임없이 이 질문 앞에 개인과 공동체를 세우면서 스스로를 점검해보아야 합니다.

교회 밖에는 구원이 없다?

'하나님의 백성' '구원의 공동체' '그리스도의 몸' '섬기는 백성' '성령의 공동체' 등으로 신약성경이 말하는 교회의 이미지와 모델을 그려보는 수준에 그쳤던 초대교회 시절을 지나서 교회론이 본격적으로 문제가 된 것은 아이러니하게도 성직자/주교들의 배교 때문이었습니다. 박해 기간에 신앙을 부인했던 이들이 이후에 다시 주교 등의 직분을 맡거나 성찬을 행하는 것이 옳은가, 교회의 성스러움과 하나됨은 도대체 어떤 의미인가를 비로소 묻게 된 것이지요.

3세기 카르타고의 주교 키프리아누스^{Cyprianus}는 "교회 밖에는 구원이 없다"$^{extra\ ecclesiam\ nulla\ salus}$는 유명한 말을 남겼습니다. 또한 "교회를 어머니로 섬기지 않는다면 하나님을 아버지로 모실 수 없다"는 말도 남겼지요. 여기에는 교회를 부정하거나, 배교를 한다면 구원을 잃어버린다는 인식이 깔려 있습니다. 키프리아누스는 배교자가 '공적인 회개'의 과정 없이 손쉽게 교회 공동체로 복귀하고 지도자 역할을 계속 수행하는 것은 적절하지 않다고 보았습니다. 4~6세기에는 더 나아가 '타락하거나 배교한 지도자들이 행하는 성례전은 무효'라는 강경한 입장을 가진 도나투스파^{Donatists}와 이에 반대해서 '성례전의 유효성은 하나님의 은총에 의한 것이지 집례자의 자질에 근거하는 것이 아니다'는 아우구스티누스^{Augustinus}의 논쟁으로 이어졌습니다.

우리는 아마 신학적으로는 아우구스티누스를 따를지 모르나, 심정적으로는 도나투스파에 가까울 것입니다. 분명한 타락에도 불구하고 교회 지도자들이 그 직을 유지하면서 설교와 성례를 행하는 현실에서 과연 이래도 되는가 의문이 들기 때문입니다. 아우구스티누스는 성례전의 의미와 효력은 그것을 수행하는 사람의 도덕성이 아니라 하나님의 은혜에 근거한다고 보았습니다. 그런 의미에서 교회란 '의인들의 공동체'라기 보다는 '죄인들의 공동체'이고, 끊임없이 하나님의 용서와 은혜를 구하며 '죄인을 의롭게 하는justifying 공동체'가 되어야 마땅하다고 봅니다. 물론 우리는 이런 교회사의 주류 신학 전통이 '죄인을 정당화하는justifying' 변명으로 오남용되지 않도록 유의해야 합니다.

교회에 대한 입장은 '알곡과 가라지의 비유'(마태복음 13:24~31)를 놓고 판이하게 해석이 달라집니다. 도나투스파에게 타작마당은 세상이고, 알곡은 교회, 가라지는 교회 밖의 죄인을 의미합니다. 교회는 최후심판 때까지 알곡으로 존재해야 한다고 보는 입장입니다. 반면 아우구스티누스는 타작마당은 세상이 아닌 교회를 뜻하고, 종말 때까지 그 안에는 알곡과 가라지, 즉 진실된 성도와 죄인들이 섞여 있다고 보았습니다. 여기서 교회는 성도들만으로 이루어진 '순수한 몸'이 아니라 성도와 죄인이 함께하는 '섞인 몸'mixed body이란 입장을 취했습니다. 교회사의 주류 입장은 아우구스티누스의 편에 섰고, 도나투스파는 결국 이단으로 정죄되었습니다. 그러나 우리는 여기에서 단순히 정통 교리만 확인할 것이 아니라, 이런 논쟁을 촉발한 신학적-교회사적 맥락을 새겨봐야 합니다. 교회의 지도자가 배교의 행위를 하고, 성도들도 말과 행동으로 신앙을 부인하는 시대에 살면서, 그들이 일정한 공적 회개의 과정을 거치지 않은 채 셀프 사면을 선언하고 손쉽게 용서를 받고 영향력을 발휘하는 경우, 그것이 계속 교회일 수 있는가 하는 물음은 우리에게도 매우 낯익지 않습니까?

'교회 바깥에 구원이 없다'는 주장은 종교개혁 시대에는 어떻게 적용되었을까요? 중세교회의 권력자들은 루터와 그의 동료들을 교회 분열자로 고발했고, 이단으로 낙인찍어 파문했습니다. 개혁자들은 자신들의 행동에 대해 '교회를 분열시켰다'거나 '교회를 떠났다'는 비난을 인정하지 않았습니다. 오히려 교회의 정통성은 자신들에게 있다고 주장했지요. 알리스터 맥그라스 Alister McGrath는 『신학이란 무엇인가?』(복있는사람 2014)에서 개혁자들이 한편으로는 '교회 밖에는 구원이 없다'는 키프리아누스의 말을 진심으로 받아들이면서, 다른 한편으로는 아우구스티누스의 신학을 근거로 삼아 로마교회가 더이상 교회일 수 없다고 비판했다고 봅니다. 그들은 이 사안을 단순히 교회 내부의 정치적 분쟁으로 만들거나, 사람들이 비도덕적이었다고 비판한 것이 아니었습니다. 중세교회가 여전히 교회라면, 그로부터 분리하는 어떤 시도도 정당화되기 어려웠을 것입니다. 그들은 중세교회가 아무리 문제가 많아도 하나님의 은혜에 바르게 의지하려는 노력이 있다면 교회일 수 있으나 그런 은총을 더이상 필요로 하지 않는다면 그것은 더이상 교회일 수 없다는 치명적 비판을 가했습니다. 물론 로마교회는 그런 비판에 동의하지 않았고, 오히려 루터 따위가 하나님의 몸된 교회를 분열시키는 대죄를 지었다고 공격했습니다. 맥그라스는 루터가 아우구스티누스의 교회론은 거부하고, 그의 은총론은 옹호했다고 보았습니다. 이로써 루터는 중세교회가 은총이 떠난 곳, 은총의 사역이 불가능해진 곳으로 떠나갔다고 비판을 함으로써 개신교의 출발을 가능하게 했습니다. 루터의 담대한 부정이 있었기에 새로운 역사가 시작되었습니다.

칼뱅은 "하나님의 말씀이 순수하게 선포되고 받아들여지며, 또 성례전이 그리스도께서 제정하신 그대로 거행되는 곳에서는 어디서나 하나님의 교회가 존재한다는 사실을 결코 의심해서는 안 된다"고 같은 내용을 요약했습니다. 중세교회의 7성례를 비판하며, 루터는 세례와 성찬의 2가지 성례만 인정했습니다. '말씀의 선포'와 '성례전의 시행'은 개신교 교회론에서 핵심요소입니다. 아무리 현실 교회가 문제가 많아도 말씀과 성례라는 은총의 통로가 제 기능을 하고 있다면 그곳은 교회일 수 있다는 말이지요. 종교개혁자들의 교회 비판은 윤리적 비난이 아니라 신학적 비난입니다. 중세교회가 말씀의 선포와 성례전의 시행에서 전적으로 실패했기 때문에, 개혁자들은 자신들이야말로 교회의 진정한 정통성을 수호한 이들이라고 주장할 수 있었던 것입니다. 개혁자들의 전례를 따르자면, 오늘날 개신교회도 저 두 가지에서 실패하면 교회가 될 수 없습니다. 오늘날 교회 내의 분쟁은 종종 과도하게 상대의 신앙을 전면적으로 부정하는 양상으로 치닫곤 하는데, 종교 분쟁 자체가 그렇게 격화될 가능성이 있다는 것을 염두에 두고 조심할 필요가 있습니다. '교회 밖에는 구원이 없다'는 말은 양날의 칼입니다. 누가 안에 있고 누가 밖에 있느냐를 두고 벌어지는 담론의 쟁투이지요. 종교개혁 시기 교황은 루터를 향해 교회를 파괴시키는 사탄이라 비난했고, 루터는 교황을 두고 교회를 타락시키는 가증스런 적그리스도라 정죄했습니다. 저는 개신교적 이해의 입장이기는 합니다만, 개신교와 가톨릭 사이에서 누가 교회됨에 실패하고, 누가 성공했느냐의 판단에는 상당한 주관성이 작동한다고 생각합니다. 지금은 교회의 안팎을 두고 경쟁하며 누가 진짜 교회냐 묻기보다는 조금 다른 방식으로 이 문제에 접근하는 것이 낫겠다고 생각합니다.

그리스도가 계신 곳

교회^{church}는 일본에서는 '공회'^{公會}라고도 불렸고, 우리말 표현은 '가르치는 곳'^{敎會}이거나 '교제하는 곳'^{交會}이란 의미로 사용되기도 했는데, 요즘은 '공동체'란 표현을 선호하는 이들이 많습니다. 흥미롭게도 교회론을 고민했던 이들은 거의 예외없이 '교회'란 단어를 회피하는 경향이 있습니다. 루터도 교회^{Kirche}가 아니라 '에클레시아'를 선호했고, 무교회운동을 했던 우치무라 간조^{內村鑑三}나 김교신도 자신들의 모임을 '교회'가 아니라 '에클레시아'라고 불렀습니다. 우리가 교회라고 옮기는 헬라어 단어 '에클레시아'는 고유명사가 아니라 원래 보통명사로 소집 명령을 받아 모인 군대, 아고라^{Agora}에 회의하러 모인 시민들의 회합 등을 폭넓게 가리키는 단어였습니다. 성경에서는 여러 일반 모임과 구별하기 위해서 '하나님의 에클레시아' '그리스도의 에클레시아' '갈라디아의 에클레시아'같이 수식어를 붙여 의미를 한정했습니다.

에클레시아의 기본적 특징은 무엇일까요? 한시적 모임이란 점입니다. 상설된 영구조직이 아닙니다. 목적을 성취하면 해산하는 모임입니다. 그러므로 모이는 이유, 즉 미션이 중요하지요. 그 미션을 수행하기 위해, 그 미션이 완수될 때까지 모이는 것입니다. 에클레시아가 모이는 방식에는 별다른 제약이 없었습니다. 상상을 초월하는 방식이 동원되었습니다. 박해가 심할 때는 공동묘지에서 모이기도 했으니까요. 시장터에서 모이기도 했고, 가정집도 이용했습니다. 심지어는 유대교 회당을 빌려서 모이기도 했지요. 지금으로 치면 타종교 예배당에서 모임을 한 셈입니다. 사도행전 8장에는 초대교회가 박해를 받아 흩어진 사건이 나옵니다. 우리 같으면 박해가 끝났을 때 바로 다시 모여서 우리의 건재함을 확인하고 싶었겠지만, 이들은 흩어지고보니 이런 방식으로도 에클레시아 역할을 할 수 있을 뿐 아니라 오히려 전화위복이 되더라 하면서 지중해 연안 전역에 흩어져 에클레시아를 세웠습니다. 이들의 상상력과 실천은 매우 기발하고 유연했습니다. 에클레시아가 되려면 뾰족탑과 장의자와 강대상이 있어야 한다는 어떤 강박도 없었습니다. 에클레시아는 그런 것으로 대표되지 않기 때문이지요. 오늘 우리가 에클레시아를 상상하는 능력이 현격히 쪼그라들어 있음을 생각한다면, 이런 고대의 자유분방함은 두드러진 특징이 아닐 수 없습니다.

주후 1~2세기의 교부들 중에 안티오키아의 이그나티우스^{Ignatius}나 카르타고의 테르툴리아누스^{Tertulianus}는 '그리스도가 있는 곳에 교회가 있다'$^{ubi\ christus\ ibi\ ekklesia}$는 유명한 말을 남겼습니다. 이는 나중에 가톨릭 전통에서는 '주교가 있는 곳에 교회가 있다'$^{ubi\ papa\ ibi\ ekklesia}$는 구절로 바뀌어 사용되기도 했지요. 핵심은, 교회는 그리스도의 임재가 있는 곳이란 점입니다. 그리스도는 어디에 어떻게 계시는가? 어떤 전통은 '성례전'이라고 볼 겁니다. 개신교 전통은 '말씀'에 큰 비중을 둘 것입니다. 또 어떤 전통은 '성령'의 움직임을 중시할 것입니다. 교회론의 핵심에는 기독론이 있습니다. 즉, 그리스도는 누구이시며, 그는 어디에 계시는가에 대한 답을 따라 교회론을 정립해야 합니다. 그러므로 우리의 질문은 그 유명한 '주여, 어디로 가시나이까?'$^{Quo\ vadis\ domine?}$로 귀결됩니다.

이 물음은 오늘 우리가 교회에 던지는 수많은 질문을 대표합니다. 교회는 모종의 종교적 울타리 안쪽을 의미하지 않습니다. 그 울타리의 안이나 밖, 혹은 그 제도의 중심부에서 얼마나 멀고 가까운지를 따져보는 것으로 충분하지 않습니다. 급진적으로 말하자면 예수가 어디로 가시고, 어디에 계신지에 따라 교회는 계속 움직일 수 있습니다. 그리스도의 임재가 있는 곳에서 에클레시아는 계속해서 생성되고 성장합니다. 아마 소멸하고 축소되기도 할 것입니다. 우리에게는 이런 방식으로 에클레시아를 재발견할 수 있는 새로운 눈, 즉 '동적 교회론'dynamic ecclesiology이 필요합니다. 초대교회 성도들이 수십 수백 가지의 다른 양상으로 에클레시아를 이룰 수 있었던 것은 그리스도의 에클레시아를 성전이나, 회당체계와 동일시하지 않았기 때문일 겁니다. 예수가 회당으로 가면 거기에서 에클레시아가 열리는 겁니다. 부정한 이방인들, 오늘날로 치면 공공연한 사회적 혐오의 대상들과 예수가 어울리고 있다면 거기에 에클레시아가 임하는 것입니다. 그리스도인들에게 가장 절실한 분별력은 바로 성령의 운행, 혹은 그리스도의 임재를 어디에서, 누구에게서, 어떻게 발견하는가에 있습니다. 거기에 소명이 있습니다. 그리스도가 있는 곳에는 그리스도인들이 감당해야 할 미션이 존재합니다. 오늘날 선교적 교회론missional church 논의의 핵심은 '하나님의 선교'가 벌어지는 그 현장에 에클레시아가 발생한다는 인식이며, 선교가 일어나지 않는 곳에 에클레시아는 부재하거나 단지 명목상으로만 존재할 따름이란 통렬한 깨우침입니다.

최근 한국 교회 안에서는 가나안 성도, 즉 '제도교회 바깥에 존재하는 그리스도인'이 전체 성도의 20% 선인 200만 명에 이른다고 추산합니다. 이 숫자는 교회 안팎에서 교회란 대체 무엇이며, 교회는 어디에 있는가를 묻는 수많은 이들의 존재를 상기시켜주는 상징적 숫자입니다. 결코 무시할 수 없는 규모로 존재하는 이들이 던지는 질문을 교회의 권위나 존재가치에 대한 도전이라고만 여길 것이 아니라, 우리 모두가 씨름하며 새롭게 각성해야 할 과제로 받아들이기를 간절히 기대합니다. 한국의 가나안 성도들은 단순히 교회당, 제도교회를 떠난 사람들이 아닙니다. 그들은 '대체 교회란 무엇인가, 어디서부터 교회이기를 멈추는가'를 고통스럽게 물었던 사람들입니다. 저는 그들이 단지 제도와 구조를 떠남으로써 자신들의 질문에 답을 얻은 것도 아니고, 질문을 멈춘 것도 아니라고 생각합니다. 오히려 그동안 의식하지도 못했던 그 질문들을 이제부터 본격적으로 던지면서 '에클레시아'의 생성소멸을 경험하는 순례에 나설 수 있다면 그들은 정말 진정한 신앙의 모험을 시작하게 될 것입니다. 가나안 성도가 되어 교회를 떠나는 것은 무조건 비난할 일도, 언제나 옹호되고 위로받을 일도 아닐 수 있습니다. 고대 교부들의 간절한 염원과 확신이었던 "교회 밖에는 구원이 없다"는 이야기가 가나안 성도를 정죄하는 용도로서가 아니라 역설적으로 가나안 성도들이 우리 시대의 '에클레시아' 되기를 강력하게 요청하는 이야기로 새겨지기를 원합니다. 가나안 성도들은 아직 원하는 대답에 도달한 사람들이 아닙니다. 이제 제대로 질문을 던져보려는 사람들이지요. 그들이 울타리 안에 있는가, 밖에 있는가는 별로 중요하지 않습니다. 이런 물음과 더불어 모험을 시작하려는 각오가 더 중요하지요. 우리에게 여전히 유효한 질문은 이러합니다. '주여, 어디로 가시나이까?' 에클레시아는 거기서 출발하기 때문입니다.

11. 일과 쉼이 있는 영성

> 여러분은 하나님의 성전이며,
> 하나님의 성령이 여러분 안에 거하신다는 것을 알지 못합니까?
> ―고린도전서 3:16

성령 안에 사는 삶

'영성'spirituality은 여러 모양으로 논란을 일으키는 단어입니다. 이 용어를 선호하는 측은 특정한 제도종교의 인상을 풍기지 않으면서 영적인 관심사 전반을 포괄할 수 있는 중립적 단어란 점을 높이 삽니다. 서구에서도 특정 종교를 교육과정에서 가르치려 하면 반발이 있지만, 이를 '영성을 증진한다'고 바꾸면 무신론자까지도 포함해 동의를 이끌어낼 수 있다는 점에서 선호합니다. 인간이 영적인 존재이므로 영적 인식을 증진시킨다고 설득하면 누구도 부정적으로 보지 않는 탓이지요. 반면에 이를 반대하는 이들은 이 용어가 자의적 오남용에 매우 취약하고, 매우 포괄적인 인상을 주지만 사실은 아무것도 담지 않은 빈 용기처럼 쓰이는 경우가 더 많다고 꼬집습니다. 존경받는 복음주의자 존 스토트John Stott도 '영성'이란 단어보다 '제자도'가 기독교적 가르침을 더 잘 집약해준다고 말하기도 했습니다.

저는 '영성'이 인간 내면의 종교성을 뜻하고, 이를 증진시키려는 다양한 종류의 훈련과 노력을 포괄하는 현재의 의미에 반대할 생각은 없습니다. 이미 의미는 충분히 확대되어서 인위적으로 축소시키기는 불가능합니다. 다만, '세속성자' 논의에 있어 좀더 주목해보고 싶은 대목이 있다면 그것은 첫째, 성경에서 영성은 '성령 아래/안에 사는 삶'Life under/in the Holy Spirit을 뜻한다는 개념 정돈입니다. 이런 의미에서 영성을 추구하는 것은 단순히 신비적 경험에만 국한될 수 없습니다. 영성을 영험한 기도의 능력이나 예언, 신유의 능력 같은 은사주의적 측면만으로 다룰 수는 없습니다. 영성 논의에서는 방언·예언·치유 등 '성령의 은사'gifts of Spirit(고린도전서 12:4~31, 로마서 12:6~8)만이 아니라, 반드시 사랑·희락·화평 등 '성령의 열매'fruit of Spirit(갈라디아서 5:22~23)를 다루어야 합니다. 그것이 적어도 성경에서 보여주는 '영성'에 대한 바른 접근이라 생각합니다. 둘째는 '영성'을 신비체험이나 초자연적 영역과의 만남에 국한시키느라 일상이나 윤리와 괴리시키는 경향을 넘어서야 한다는 점입니다. '성령 안에 사는 삶'이 그리스도인의 삶 전반을 당연히 담아내야 한다면, 그리고 우리 삶의 대부분이 종교적 엑스터시 상태가 아니라, 의식주의 해결을 위해 오욕칠정五慾七情의 발현 안에서 벌어지는 일상이라면, 영성은 반드시 삶의 전반을 담아내는 전망을 가져야 합니다. 우리의 영성 논의가 내면적 수련 방법에만 치중할 수 없는 이유입니다.

세속성자에게 영성이라면, 종교생활을 위한 주말 영성weekend spirituality이 아니라 일상을 위한 주중 영성weekday spirituality이어야 합니다. 그리고 이를 위해서는 반드시 우리의 일상을 구성하는 두 가지 중요한 요소, 일과 쉼, 혹은 노동과 놀이를 제대로 포괄할 수 있어야 합니다. 막스 베버Max Weber가 『프로테스탄트 윤리와 자본주의 정신』을 썼을 때, 그가 말한 '프로테스탄트 윤리'는 노동에 대한 그들의 신앙적 태도를 말하는 것이었습니다. 다시 말해 프로테스탄트 영성이 노동을 중시하는 사회적 윤리로 나타났다는 의미이지요. 노동은 영성의 중요한 영역이 될 수 있고, 되어야 마땅합니다. 종교개혁 시기에 문제적 개념으로 떠올랐던 '소명'calling이란 단어도 새겨봄직 하지요. 중세시대까지만 해도 '소명'이란 다름 아닌 하나님의 부르심, 곧 성직자가 되라는 부르심이었습니다. 이것이 종교개혁자들에 의해서 성직만 하나님의 부르심이 아니라, 모든 직업이 하나님의 부르심이란 '직업소명론'으로 강하게 제기되었습니다. 지금 직업에 대한 개신교적 이해는 상당히 보편적인 인식이 되었습니다. 직업을 선택하고 자기 노동의 대상과 내용을 결정하는 문제는 하나님의 부르심에 대한 응답으로 여겨졌습니다. '하나님의 부르심을 따라 사는 것,' 이것이 영성이 아니면 무엇이 영성이겠습니까? 영성이 이렇게 이해될 때라야 우리는 세속성자의 전망에 부합하는 영성 논의를 시작할 수 있을 것입니다.

하나만 더 짚고 넘어갑시다. 우리는 '노동의 영성' 혹은 '영성적 실천'으로서의 노동을 진공상태가 아니라, 한국 사회란 특정한 시공간 안에서 노동이 처한 구체적 현실을 두고 이야기하고 있습니다. 한국 사회는 지금 '일이 없어서 고통받는 이들'과 '일에서 버림받은 이들'로 가득합니다. 전자는 갈 수 있는 직장이 없거나 지속적으로 일할 수 있는 기회를 얻지 못한 이들입니다. 서구와 일본 등에서는 한동안 프레카리아트^{precariat}라는 용어가 널리 사용되었습니다. 이는 '불안정한'^{precarious}과 '프롤레타리아트'^{proletariat}를 합성한 용어로, 불안정한 고용과 노동 상황에 놓인 파견·용역·시간제 등 비정규직 노동자층을 총칭합니다. 한국 상황도 유사합니다. 한쪽에서는 청년실업, 비정규직, 알바 등을 아우르는 취약한 노동 여건이 존재하고, 다른 쪽에는 정규직으로 현재 일하고는 있지만 진입 자체에 너무 오랜 시간을 투입해야 한다거나, 장기적인 커리어 전망이 제공되지 않으며, 직장 내의 노동착취, 성차별 등으로 불안정한 상황에 처한 현실이 상존하고 있습니다. 자영업을 하는 이들은 젠트리피케이션^{gentrification} 현상이 심화됨에 따라 부동산 임대료의 상승으로 임대 공간에서 쫓겨날 위험에 처해 있고, 회사마다 실직, 해직, 폐업 등의 위험이 있으며, 취약한 고용조건을 두고 다투는 노사간 분규가 일상적으로 벌어집니다. 작은 회사는 큰 회사의 온갖 갑질 앞에 취약하고, 대기업도 해묵은 정경유착과 족벌경영으로 인한 리스크를 숙명처럼 떠안고 있습니다. 총수일가의 폭언, 폭행, 불법, 일탈에 상시적으로 동원되거나 피해를 당한 사례들을 보노라면 대기업의 구성원들이라고 해서 회사에 대한 보람과 자부심이 더 큰 것 같지도 않습니다. 우리의 노동 현장은 위험과 갈등이 일상화된 공간입니다. '노동의 영성' 혹은 '영성으로서의 노동'을 논하는 작업은 이런 현실을 외면하거나 회피하는 용도가 아니라, 그런 현실에서 살아가는 이들을 일깨우고 격려하는 작업으로 수행되어야 마땅합니다.

가끔 청년들을 대상으로 '기독교적 직업관'을 주제로 강의 부탁을 받는 경우가 있습니다. 그럴 때마다 청중인 청년들의 현실과 너무 동떨어진 강의를 하고 올 것에 대한 두려움이 있습니다. 직업에서 선택지를 거의 갖지 못한 이들에게 이상적인 원론을 전하려니 내 마음도 편할 리가 없습니다. 그런데 듣는 이들도 자신들의 상황을 착각하는 경우가 있습니다. 대학생들과 '기독교적 경제' 주제로 토론을 하다보면 적지 않은 이들이 경영자의 관점에서 발언하곤 합니다. 그들이 대학을 졸업하고 곧바로 창업을 하지 않는 한 경영자로 사회생활을 시작하는 경우는 거의 없습니다. 그런데 자신들의 노동자성을 성찰하고, 이를 전제로 회사생활을 준비하는 관점이 결핍되어 있는 경우를 자주 발견합니다. 이는 특히 기독교 배경이 강할수록 더 두드러지는 현상입니다. 경영자들의 성공 간증은 존재하지만, 노동자들의 사회생활 간증은 접하기 힘든 때문은 아닐까요? 우리에게 여전히 '노동의 영성' 혹은 '생활 영성'은 부재합니다.

노동하는 영성

직업소명론 덕분에 우리는 특정한 '무엇'을 해야 하나님께 영광 돌린다는 생각에서 벗어나게 되었습니다. 이제는 '무엇을 하든 주님께 영광 돌릴 수 있다'고 말할 수 있습니다. 그러자 이와 관련된 주제는 '무엇'이 아니라, '어떻게'로 신속하게 이동했습니다. 어떻게 할 것인가? '성실하게!'가 정답이 되었습니다. 직업소명론은 '무엇을 하든 주께 하듯 하라'는 대명제 아래 정렬되었습니다. 그리고 이에 부합하는 성경적 근거는 차고도 넘칩니다.

그의 주인이 그에게 말하였다. '잘했다! 착하고 신실한 종아. 네가 적은 일에 신실하였으니, 이제 내가 많은 일을 네게 맡기겠다. 와서, 주인과 함께 기쁨을 누려라.' (마태복음 25:21)

원치 않는 권력 아래서도 성실하고 충성되게 자신의 직무를 수행한 사례들이 있습니다. 이집트에서 부당한 모함에도 불구하고 파라오에 충성을 하며 총리직을 수행한 요셉이 있었고, 조국을 멸망시킨 바벨론 제국에 볼모로 끌려가서 요직에 올랐던 다니엘의 경우도 있습니다. 물론 우리는 그들도 불의한 권력 아래서 스트레스를 받았고, 불이익도 받았음을 기억해야 합니다. 그들이 적국에서도 중용된 이유는 체제에 기꺼이 부역한 때문이 아니라, 필요할 때 직언을 하고, 때로는 목숨을 걸고 권력자의 심기를 거스르기도 했기 때문임을 잊어선 안 됩니다. 그들이 보여주는 모델은 처세에 능한 체제순응적 인간형이 결코 아닙니다. 충성은 하나님이 부르신 일을 소중히 여기고 성실히 감당하는 것이지 군주를 향한 '절대 충성'이 아니었습니다.

우리는 직업의 종류와 내용을 묻지 않고, 단지 그에 임하는 '성실성'만을 중시하거나, 사실상 그 직업이 갖는 사회적 위상을 찬양하기 쉽습니다. 고위 공직에 올랐다거나, 기업의 고위직이 되었다거나, 세계무대에서 인정을 받은 경우, 그가 개신교인이란 이유로 칭송의 대상이 되곤 하지요. 종교적 연고주의는 매우 쉽게 작동되는 반면, 그로 인한 부작용은 대체로 외면당합니다. 무엇에든 최선을 다하는 태도는 대체로 높게 평가받지만, 우리는 조폭집단에 충성하는 것을 '직업과 소명'의 좋은 사례로 여기진 않지요. 그것은 오히려 생각이 모자라고 윤리의식이 박약한 것입니다. 600만 명을 죽인 나치의 유대인 대학살의 성실한 수족이던 아돌프 아이히만$^{Adolf\ Eichmann}$의 재판을 취재하고서 철학자 한나 아렌트$^{Hannah\ Arendt}$는 '악의 평범성'$^{banality\ of\ evil}$과 그것을 가능하게 한 '무사유'^{無思惟}를 지적했습니다. '지옥에 이르는 길은 온갖 선의로 포장되어 있다'$^{The\ road\ to\ hell\ is\ paved\ with\ good\ intentions}$는 격언도 떠올릴 수 있습니다. 폐쇄회로를 따라 마냥 따라가는 성실함은 그 자체로 미덕이 아닙니다. 현재 존재하는 권력의 선악에 대해 묻지 않고, 자기 양심의 소리도 듣지 않고 그저 성실히만 행하던 수족 노릇을 멈춰야 합니다. 이것이 '노동의 영성' 앞에 던져진 과제입니다. '성령 안에서의 삶'은 바로 여기에 필요합니다.

루터는 직업소명론을 말함으로써 성직자만 소명받고, 부르심 받은 존재라는 중세적 사고를 깨뜨려버렸습니다. 그러나 그 루터조차도 당대의 사회조직이나 질서가 급격히 흔들리는 것을 기대하지는 않았습니다. 그래서 빵 굽는 사람, 대장장이, 농부, 귀족, 군인이 이미 주어진 제각각의 직업을 성실히 수행하는 세상을 바람직하게 여겼습니다.

칼뱅은 여기서 더 나아가 직업간의 이동과 전환을 자유롭게 사고하도록 했습니다. 각자의 성향과 관심과 능력에 따라 직업을 선택하고, 직업이동을 통해 하나님의 뜻을 더 잘 섬길 수 있는 길을 모색했습니다. 근대적 직업이동은 칼뱅에서 확실하게 꽃을 피웁니다. 이제 우리는 자신에게 더 잘 맞고 하나님을 잘 섬길 수 있는 직업을 찾아서 성실히 감당하는 인간상을 바람직하게 여깁니다. 단지 주어진 일을 성실히 하는 것을 넘어서 하나님의 크신 뜻이 어디에 있는지를 열심히 물어야 할 이유가 생긴 것입니다. 여기서 한발 더 나아가면, '하나님의 뜻'을 더 잘 수행하는 삶을 살지 못하도록 훼방하는 권력과 체제에 어떻게 대응할 것이냐는 질문이 나옵니다. 체제나 권위는 언제나 그 자체로 정당하지 않고, 하나님의 뜻에 합할 때에만 정당합니다. 부당한 권력체제에 대한 항의와 저항은 믿는 자들에겐 신앙적 당위입니다. 토마스 제퍼슨Thomas Jefferson이 "불의가 법이 될 때, 저항은 의무가 된다"며 부당한 권력에 대한 저항권을 강조한 것도 이런 정신과 다르지 않습니다. 칼뱅의 사상이 현상유지가 아니라 현상타파의 동력인 것은 결코 낯선 일이 아닙니다.

그런데, 이렇게 직업이 소명의식의 발현으로 작동하는 사회를 그려볼 때, 우리는 종종 너무 쉽게 하나의 중심을 향해 만물이 정렬되고, 위계질서를 따라 일사불란하게 운영되는 체제, 그리고 그 중심에서 누군가가 전체 구조를 운영하는 중앙집권적 체제를 당연시하곤 합니다. 그러나 이런 모델은 한번 재고해볼 필요가 있습니다. 개신교 신앙은 근대세계로 넘어오면서 과거 하나님의 자리로 상정했던 중심부에 인간 대리인을 통치자로 내세우는 대신, 그 자리를 상징적으로 비워놓아야 함을 깨우쳐 주었습니다. 즉, '누구도 하나님이 아니다'는 것을 서로 확인하며, 동시에 모든 이들이 하나님의 자녀이고, 하나님의 말씀과 그 뜻을 해석할 수 있다는 원리를 따라 그 가운데 자리를 비우는 새로운 질서를 상상한 것입니다. 그러나 '텅 빈 중심' 곧 어떤 지상적 대리인으로도 채울 수 없는 영역이 존재함을 서로가 인정하고, 그 바탕에서 새로운 질서를 만들어가는 것은 쉽지 않습니다. 그 결과 우리는 노동 영성에 필요한 중심부의 공백을 남겨두지 않고, 그 자리를 다른 무언가로 채워버립니다. 성령의 다스림에 집중하는 노력을 멈추면 그 공백은 이렇듯 다른 욕망으로 채워집니다. 우리는 누구도 세상의 유일한 주인이 아니며, 모두가 하나님 앞에 평등한 존재란 사실을 확인하며 책임을 나눠야 합니다. 권력 맡은 자는 이 서늘한 책임감을 늘 인식하며 그 직을 수행해야 하는 것입니다.

해방과 안식의 영성

사업을 하거나, 직장생활을 하거나, 또는 진로를 모색하며 고민하는 이들의 이야기를 들을 때, 가장 절감하는 것은 신앙생활을 열심히 하고는 있지만 자신의 삶을 바라보는 큰 전망은 없다는 사실이었습니다. 기독교 신앙이 삶을 향한 전망과 그 준비에 큰 도움을 주지 못하고 있거나, 각 사람의 관심사를 좁은 의미의 '교회일'로 끊임없이 한정시키는 경우도 많았고, 그것이 곧 영적인 것이라며 오도하는 현실도 보았습니다. 그러나 그렇지 않습니다. 하나님의 뜻은, 그리고 성령과 더불어 사는 삶은, 더 크고 더 넓습니다. 더 멀리 보고, 더 크게 보는 시야를 열어줄 수 있어야 합니다. 들숨과 날숨이 모여야 제대로 된 숨을 이루는 것처럼 노동과 안식, 일과 쉼이 조화로운 일상을 꿈꾸는 시도가 필요합니다.

영성은 적어도 인간 삶의 세 가지 주요한 층위를 담아낼 수 있는 포괄적 전망이어야 합니다. 그것은 먼저 자기 내면과의 관계, 그리고 타자와 맺는 친밀성의 관계, 끝으로 타자와 맺는 사회적 관계입니다.

첫째, 영성은 자기의 내면을 응시하고 자아를 성숙시키는 역할을 해야 합니다. 자신을 맞대면하는 일 없이는 하나님과의 독대가 불가능합니다. 영성은 다른 어떤 것보다도 이 내면을 성찰하고 성숙시키는 다양한 배움, 훈련과 관련이 있습니다. 그것이 말씀 묵상이든, 기도든, 관상觀想으로의 몰입이든 영성의 가장 핵심적 차원에는 자아와의 관계성이 자리잡고 있습니다.

둘째는 타자와 친밀성^{intimacy}의 관계를 맺는 과정입니다. 자신과 화해하는 것과 타자를 대면하는 것은 동일하지 않습니다. 타자란 나 자신으로 환원되지 않는 존재입니다. 그런 존재와 친밀성의 관계를 맺는다는 것은 매우 어려운 일입니다. 우리는 이 관계를 사랑^{eros}이라고 부릅니다. 우리는 타자를 만날 때 흔히 정복이나 굴복의 양자택일을 합니다. 사랑의 이름으로도 정복하거나 굴복하곤 합니다. 타자와 대등하게 만나는 것은 결코 쉽지 않습니다. 사랑하는 연인의 관계도, 부모와 자식의 관계도 이 진정한 사랑을 경험하기란 매우 드문 일입니다. 이 역시 영성의 과제입니다. 타자와 친밀한 관계를 맺기 위해서는 끊임없는 영혼의 성찰이 필요합니다. 우리는 종종 첫째와 둘째 범주의 과제를 혼동합니다. 자아와의 관계가 흔들리는데, 이를 타자와의 친밀성으로 대신할 수는 없습니다. 그 반대도 마찬가지입니다.

셋째는 타자와 사회적 관계를 맺는 것입니다. 이것은 친밀함의 범주 밖에 있는 타자들을 향한 우리의 태도와 관련이 있습니다. 우리는 대체로 이런 경우 이기적으로 행동합니다. 나의 이익이나 가족이나 친구의 범주 바깥 세계까지는 영성의 차원으로 여기지 않습니다. 그러나 그렇지 않습니다. 세상에 존재하는 온갖 고민과 질문은 가만히 살펴보면, 나와 거리가 먼 타자들의 것인 경우가 많습니다. 그렇기 때문에 우리는 누군가를 거리가 먼 타자로 여기고 나면 관심을 끄고, 우리가 이기적으로 행동해도 좋을 변명거리를 개발하게 됩니다. 그러나 진정한 영성은 우리로 하여금 사회와 바르게 관계맺는 방법을 끊임없이 일깨울 것입니다. '누가 나의 이웃입니까?'라는 질문을 던질 때마다, 예수가 '누가 그에게 이웃이 되어주었는가?'라고 반문한 이유를 되새기게 될 것입니다. 이 대답은 '사회적 영성'의 차원을 열어줍니다.

저는 영성에서 이 세 층위가 범주 혼동을 불러일으키지 않고, 각각의 차원에서 중요한 과제들이 있다는 사실을 되새겼으면 좋겠습니다. 영성 논의가 어느 한 영역에만 배타적으로 적용되고 있고, 다른 영역에 대해서는 전적으로 무지하거나 왜곡을 일삼고 있습니다. 우리의 영성이 더 깊어지지 못하는 것은 당연히 제기되어야 할 물음과 해결책이 범주착오로 인해 표류하기 때문입니다.

세속성자의 영성 논의에 참고할 수 있는 중요한 성경적 통찰은 '희년'jubilee입니다. 영성이란 신앙생활의 전반을 포괄할 수 있어야 하고, 성서신학적으로 탄탄한 개념 위에 펼쳐질 필요가 있습니다. 몇년 전 『이매진 주빌리』(메디치미디어 2016)란 책을 쓰면서 이 주제를 살펴볼 기회가 있었는데, 매우 흥미로웠습니다. 영성은 신비 체험의 차원이 아니라 일상의 차원에서 상시적으로 구현되어야 할 가치라는 데 동의한다면, 실제적인 문제가 남습니다. 어떻게 우리 일상을 그렇게 구성할 수 있을까 하는 질문입니다. 앞서 '라이프스타일'을 형성해야 한다는 논의도 했고, 세속성자의 라이프스타일 형성에는 시간성의 문제를 깊이 고려해야 한다는 이야기도 했습니다. 이를 위해 우리가 꼭 소환해서 새겨봐야 할 성경의 가르침이 '희년'입니다. 이것은 우리 삶을 공간이 아니라 시간으로 구획하는 기획입니다. 안식일은 창세기 1장에 하나님의 창조와 관련해서 처음 등장합니다. 단순히 보면 '6일간 노동하였으니 7일째에 쉰다'는 의미로 새길 수 있지만, 하나님이 창조 노동을 하느라 피곤하셨다고 보기는 어렵습니다. 유대교나 기독교에서 안식일이나 주일의 개념은 노동에서 물러나 휴식한다는 의미도 있으나, 성취와 완성을 향유하는 축제의 의미가 더 큽니다. 안식일 준수는 주중의 일상 노동 위에 예배라는 종교 노동을 하루 더하는 작업이 아니라, 최상의 향유이자 안식이 되어야 마땅합니다.

레위기 25장에 나오는 안식일, 안식년, 희년 제정에 관한 내용을 보면 분명한 사회적 기능이 있습니다. 이스라엘 백성은 6일간의 노동을 마치고, 제7일에는 자신과 타자와 가축 등 모든 노동을 쉬게 합니다. 그리고 이 안식을 못 누리는 이들이 없도록 여러 조치를 취합니다. 이는 6년간 농사짓던 땅을 7년째에는 휴경하는 안식년 조항에서도 두드러지게 나타납니다. 안식년에는 토지만 쉬는 것이 아니고, 노예와 가난한 사람들을 구제하는 조치도 함께 이뤄집니다. 부채를 탕감해주기도 하고, 노예 상태에서 풀어주기도 합니다. 이런 구상의 절정은 희년에서 이루어지는데, 안식년을 일곱번 지난 다음해 즉 50년째를 희년으로 선포하고, 이때는 '부채 탕감' '노예 해방' '토지 반환'을 전면적으로 실시합니다. 기준은 가나안 땅에 입성할 때 각 지파별로 나누어 준 기업^{inheritance}의 원상복구입니다. 매 50년마다 모든 가족들이 처음 받은 기본자산을 회복할 수 있는 것입니다. 이는 어떤 구조적 가난도 2세대를 넘어 이어지지 않도록 새로운 기회를 제공하는 혁신적 조치였습니다.

이상적인 취지에도 불구하고, 혹은 그 이상적 특성 때문인지, 희년제도는 성경 안에서 역사적으로 전면 시행된 흔적을 찾을 수는 없습니다. 교회사에도 교황의 특권적 사면을 위한 종교적 행사로만 남아 있을 따름입니다. 그러나 희년정신은 사라지지 않고 다양한 방식으로 신약 공동체와 이후 역사에 흔적을 남겼고, 오늘날에도 오히려 세속사회에서 사회적 상상력을 촉발하는 특별한 계기를 제공하곤 했습니다. 저는 『이매진 주빌리』에서 이런 희년정신의 현대적 적용 사례들을 찾아보았고, 몇가지 제안을 한 바 있습니다. 하나는 우리에게 주어진 시간을 7년 단위로 나누어 스스로에게 안식년을 시행하는 것입니다. 대학이나 일부 기업 중에는 안식년 제도를 시행하는 곳이 있는데, 제도를 만들 수 있으면 좋고, 그렇지 않다면 개인이 스스로에게 안식년을 부여함으로써 라이프사이클을 주체적으로 형성하자는 제안입니다. 한국 사회에서 우리 인생의 매듭은 주로 학교 진학 문제, 군복무 등으로 지어집니다. 그리고 직장에서는 직급의 승진에 따라 삶의 일정이 구획됩니다. 혹은 결혼, 출산, 자녀양육 등이 우리 일생의 이정표를 독점합니다. 과연 그것으로 충분한가 의문을 던져봅니다. '돌진형 근대화'와 더불어 살아온 한국의 청장년들에게 세속성자로서의 삶을 요청하려면 자신만의 시간표가 새롭게 제공되어야 합니다. 안식일-안식년-희년의 제도는 우리에게 이런 상상력을 제공합니다.

희년제도는 세상 속에서 고통을 지속시키는 근본 조건들이 영속화되지 않도록 시간축을 따라 개입하고, 이를 반복적으로 제도화하려는 대담한 시도입니다. 매 50년마다 이뤄지는 '부채탕감' '노예 해방' '토지 반환'이 현대 사회에 액면 그대로 적용되기는 어렵다고 비판을 받기도 했지만, 금융자본주의 체제가 첨단화되면서 발생하는 착취적 금융제도나 사람들을 보호하기 위한 여러 시도에서 희년의 상상력을 찾아볼 수 있습니다. 이런 상상력은 학자금 부채를 탕감해주는 캠페인, 땅을 빼앗기지 않기 위해 농민들이 시작한 신용대출은행, 혹은 한국에서도 많이 주목받았던 기본소득 도입과 최저임금제의 강화 등으로 다변화되고 있습니다. 착취적 노동조건에서 노동자를 보호하고, 불안정노동을 줄이려는 쪽으로 사회적 감수성을 높여가며, 땅을 매개로 발생하는 불로소득의 환수, 그리고 부동산 공화국이라 불리는 한국 사회의 재산형성 과정을 반성하며 토지공개념을 확산시키는 일 등이 희년정신의 확대·심화 차원에서 시도되고 있습니다.

예수가 공생애를 나사렛 회당에서 이사야서 61장 두루마리의 말씀으로 시작했음을 기억할 필요가 있습니다. 그것은 고스란히 구약의 희년을 상기시키는 말씀이었습니다.

> 주님의 영이 내게 내리셨다. 주님께서 내게 기름을 부으셔서, 가난한 사람에게 기쁜 소식을 전하게 하셨다. 주님께서 나를 보내셔서, 포로된 사람들에게 해방을 선포하고, 눈먼 사람들에게 눈뜸을 선포하고, 억눌린 사람들을 풀어주고, 주님의 은혜의 해를 선포하게 하셨다. (누가복음 4:18~19)

오늘날 노동과 부채와 토지의 문제를 신앙적 성찰의 대상으로 삼고 영성의 차원에서 논하는 것은 이런 맥락에서 보면 전혀 이상한 일이 아닙니다. 예수 그리스도의 비전 속에서 고스란히 하나님 나라의 가치로 제기되고 있는 주제들이 우리시대의 노동과 부와 권력을 향해 어떤 질문을 던지는지 숙고해야 합니다. 이것이 영성적 과제입니다. 이를 수행할 수 있도록 자신의 내면과 친밀성의 관계와 사회적 관계를 다듬어내는 것이 영성수련입니다. 현대 자본주의 세계의 가치와 질서가 전폭적으로 관철되는 세상에서 노동하고, 소비하고, 향유하면서 이를 아무런 비판적 검토의 과정 없이 받아들이는 삶이 어떻게 홀로 영적일 수 있겠습니까? 형제자매를 노예적 노동으로 내몰고, 그 대가로 얻은 수익으로 헌금하는 행위가 영적일 수는 없습니다. 사고하지 않고, 단지 성실함만으로 하나님 나라의 노동 영성이 성취될 수는 없습니다. 안식과 해방으로 이끌지 못하는 노동관행에 '정지' 신호를 보내야 합니다. 그 고리를 끊어낼 수 있을까 묻지 않는 한 해방과 안식의 영성은 불가능합니다. 저는 이 과제가 단순하지 않다는 사실을 잘 압니다. 쉬운 답이 나오지는 않겠지요. 그러나, 그 논의는 시작되어야 합니다. 당신의 일상, 즉 노동과 쉼은 안녕하신가요? 당신의 영성은 이에 답하려고 노력하고 있습니까?

12. 절박한 가치, 공공선

> 너희는 세상의 소금이다. 소금이 짠 맛을 잃으면,
> 무엇으로 그 짠 맛을 되찾게 하겠느냐?
> 짠 맛을 잃은 소금은 아무데도 쓸 데가 없으므로,
> 바깥에 내버려서 사람들이 짓밟을 뿐이다.
> 너희는 세상의 빛이다. 산 위에 세운 마을은 숨길 수 없다.
>
> —마태복음 5:13~14

한국 사회가 망한 이유

'파상력'破像力이란 개념이 있습니다. 사회학자 김홍중은 『사회학적 파상력』(문학동네 2016)에서 '부재하는 대상을 허구적으로 현존시키는 능력'이 상상력이라면, '기왕의 가치와 열망의 체계들이 충격적으로 와해되는 체험'에서 비롯되는 인식론적·윤리적·존재론적 역량을 파상력이라고 이름 붙이자고 제안합니다. 여기서 '파상력'은 구성이 아니라 파괴의 방향으로, 질서가 아니라

카오스의 방향으로 활동한다고 합니다. 상상력의 최고치가 꿈 dreaming이라면, 파상력은 깨어남 awakening, 즉 각성의 순간입니다. 파상력은 능동적 행위 역량이기보다는 수동적 감수력에 가깝습니다. 그러므로, 파상력의 주체는 행위자가 아니라 그것을 당하고 겪는 자입니다. 마치 각성하기 직전의 체험, '가위눌림' 같은 것, 깨어남의 과정이기도 하고, 영원히 깨어나지 못할 것 같은 불안의 시간 속에서 몸부림칠 때, 이때 솟구치는, 미약하지만 필사적인 힘의 총체, 이 마비적 몽환의 장을 벗어나겠다는 몸부림이 파상력입니다.

우리는 5년 전에 세속성자 수요모임을 시작하면서 『다니엘서』를 함께 읽기로 했습니다. '묵시' apocalypse를 주제로 집어들면서 어렴풋이 지금 한국 사회가 겪고 있는 절망과 충격은 성경의 묵시적 차원을 들여다보아야 길을 잡을 수 있겠다고 생각했습니다. 섣불리 희망을 이야기하는 것이 아니라, 절망을 직시하는 것, 다 망해버린 세상을 우회하지 않고 통과하면서 우리가 얻는 것은 무엇일까. 각자의 내면을 보살피기 위해서라도 망해버린 세상을 읽어내는 것은 중요하다는 각성이었습니다. 세상이 안 풀리는데 우리 내면만 행복할 수는 없습니다. 환각상태에 빠지는 게 종교의 본령이 아니다, 너무 일상이 힘드니까 도피하려는 대상이 종교여서는 안 되지 않는가, 잠시 도피할 수는 있겠지만 결국 우리는 현실로 돌아와야 한다, 내면과 외면이 함께 조화를 이루지 않는 한 우리 신앙은 계속 불안하고 결핍되고 비뚤어질 수밖에 없다, 그런 이야기를 계속 해왔습니다. 그때는 세월호 참사도 벌어지기 전입니다. 그때 한국 사회는 이명박 대통령 치하 5년을 지내고 다시 박근혜 대통령의 시대가 5년간 펼쳐질 시점이었습니다.

'헬조선'과 '탈조선'을 무력하게 되뇌며 지내온 지난 몇년간을 반추하면서 어떤 교훈을 얻을 수 있을까요? 특히 기독교 신앙인인 우리는 말입니다. 저는 우리의 신앙이 전적으로 재구성되어야 한다고 생각했습니다. 한국 사회에서 그리스도인으로 살아가는 것에 무언가 심각한 문제가 생겼다고 생각했고, 이 문제를 고치지 못하면 안 된다는 절박감을 느꼈습니다. 그리고 그런 각성은 거대한 파상의 경험으로 다가왔습니다. 사회가 붕괴되는 듯한 경험, '이게 나라냐?'는 쓰라린 반문, '이게 교회냐?'는 사건사고들이 끊임없이 이어졌습니다. 우리는 더이상 나이브한 낙관주의자일 수는 없습니다. 매우 매우 비관적이지만 신앙인일 수 있는가를 물어야 하는 시절을 지나왔습니다. '세속성자'는 이런 질문에 답하는 과정에서 일종의 파상력에 사로잡힌 이들입니다. 소스라치게 깨어나며 주변을 낯설게 둘러보는 이들입니다. 이것은 왜 이런가, 이렇게밖에는 될 수 없는가를 고통스럽게 묻지 않을 수 없는 이들입니다. 그리고 그 질문들의 핵심에는 사회를 보는 관점과 세상과 관계맺는 방식이 해명되어야 한다는 것도 인식한 이들이었습니다.

그간 우리는 이런 질문에 별 관심이 없었습니다. 너무나 많이 들었던 '예수천당, 불신지옥'의 성속이원론에서 볼 때, 기독교는 거룩의 영역에 속하기에 세속의 갈등과 분쟁에는 거리를 두고, 그런 관심을 억제해야 마땅하다는 논리였습니다. 혹은 이 논리를 뒤집으면, 놀랍게도 세속은 어차피 더럽고 악한 영역이기에 누구나 그 세계의 원리나 관행에 따를 수밖에 없다는 현실순응주의로 변신도 가능합니다. 이와는 좀 다른 입장은 '단계적 완전주의'쯤으로 부를 수 있을 텐데, '수신제가치국평천하'修身齊家治國平天下의 논리입니다. '자기 개인도 수련이 모자라는데, 가족과 나라를 논하는 것은 염치가 없는 짓이다, 게다가 천하를 다스리는 이야기라니… 주제를 알아야지'라는 식이지요. 염치를 아는 겸손의 발로처럼 보이기도 하지만, 이런 입장은 늘 실천을 영구적으로 유보하고, 결국은 불가능하게 만드는 논리일 뿐입니다. '할 수 있으면 좋지만, 지금은 곤란하다, 어쩔 수 없다'는 말도 양심은 살리되, 책임은 부인하는 책임회피의 논리입니다. '세속성자'들에게 이런 대답은 만족스럽지 않았습니다. 우리는 이런 과정을 통해 무엇을 버리고 무엇을 얻고자 했는가를 물어야 했습니다. 우리는 한국 사회와 개신교가 만나온 여러 방식들은 정당화되기 어렵고, 이런 무기력과 무정함이 계속되어서는 안 된다는 입장을 굳혔습니다.

지금까지 논의해온 세속성자의 자의식을 공유한 분들이 공통적으로 꼽는 각성의 계기가 있었습니다. 그것은 2014년 세월호 참사와 2016년 광화문 촛불집회입니다. 우리는 교회에서 그리스도인의 사회참여를 배울 기회가 없었습니다. 그런데 이런 사회적 사건을 겪으며 자신의 양심적 판단에 따라 행동하다 신앙적 이해를 새롭게 하게 되었습니다. 이들은 신앙적으로는 보수적이었지만, 세상의 고통에 함께하고 사회의 변화에 기여할 작은 몫을 감당하면서 자기 신앙의 시야가 확장되고 심화되었다고 고백합니다. 이 영향력의 전모를 아직 제대로 평가할 수는 없겠지만, 단순히 좌우 논쟁으로 폄하할 일은 아니라고 봅니다. 공공성에 대한 헌신은 자신의 신앙이 어떻게 나와 타자의 삶 전체를 떠받치는 사회의 유지와 발전에 기여할 수 있는가에서 비롯됩니다. 우리는 이것을 말로 못 배웠는데 몸으로 깨우친 셈입니다. 관성적인 해명만 반복한다고 능사가 아닙니다. 사회를 그대로 두고는 개인도 성할 수 없다는 위기를 절감한 이들이 이런 새로운 각성에 참여했습니다.

교회는 대안적 폴리스

예수를 따르는 이들은 단독자로 그를 따릅니다. 본회퍼는 이를 아래와 같이 서늘하게 묘사했습니다. 다른 어떤 것도 그 따름에 개입할 수 없습니다.

"나를 따르라"는 예수의 부르심은 제자를 단독자로 만든다. 원하건 원하지 않건 간에, 제자는 결단하되, 홀로 결단하지 않으면 안 된다. 단독자가 되겠다는 결단은 그 자신의 선택이 아니다. 부르심을 받은 자를 단독자로 만드시는 분은 그리스도시다. 각 사람은 홀로 부르심을 받는다. 그는 홀로 뒤따라야 한다. 이 홀로 되는 상태를 두려워하는 자는 자기 주위의 사람들이나 사물들에서 보호를 구한다. 갑자기 그는 자신이 맡은 온갖 책임을 털어놓으면서 그것들에 매달린다. 그는 그것들의 엄호를 받으면서 결단을 내리고 싶어하지만, 홀로 예수를 마주 보거나 그분만을 바라보며 결단하려고 하지는 않는다. 하지만 이 순간에는 아버지나 어머니, 아내나 자식, 민족이나 역사도 부르심을 받은 이를 엄호해주지 않는다. 그리스도께서는 그 사람이 단독자가 되기를 바라신다. 그러니 그는 자기를 부르신 분만 바라보아야 한다.

―「예수를 따르는 것과 단독자」,
『나를 따르라』(복있는사람 2016), 123~4.

예수를 따르는 것은 예수와 개인의 관계에만 영향을 끼치는 것이 아니라, 그 개인이 모든 타자와 관계맺는 방식에 깊고도 심대한 변화를 초래합니다. 본회퍼는 여기서 매우 중요한 착각을 지적합니다. 심지어 기독교 공동체도 우리를 오도할 수 있다는 지적입니다.

예수께 부르심을 받은 자는 자신이 세상과 관계를 맺으면서 기만 속에서 살아왔음을 배운다. 이 기만을 가리켜 직접성이라고 한다. 이 직접성이 부르심 받은 이의 믿음과 복종을 방해해온 것이다. 이제 그는 자기 삶의 가장 친밀한 관계들 속에서, 부모와 자녀, 형제와 자매라는 혈연관계 속에서, 부부의 사랑 속에서, 역사적 책임의식 속에서 어떠한 직접성도 가질 수 없음을 알게 된다. 예수 이래로 그분의 제자들에게는 자연적이든, 역사적이든, 경험적이든, 직접성이 전혀 존재하지 않는다. 아버지와 아들 사이에, 남자와 여자 사이에, 개인과 민족 사이에는 이들이 인식하든 그렇지 않든 중보자 그리스도께서 서계신다. 그리스도를 경유하고, 그분의 말씀을 경유하고, 우리의 예수를 따르지 않고는 우리가 타자에게 이르는 길은 존재하지 않는다. 직접성은 기만에 지나지 않는다. 진리를 은폐하는 기만도 미워해야 하지만, 중보자 예수 그리스도를 위해 삶의 자연적 여건들도 미워하지 않으면 안 된다. 우리가 그리스도 앞에서 단독자가 되는 것을 끊임없이 방해하는 공동체가 있다면, 직접성을 끊임없이 요구하는 공동체가 있다면, 우리는 그리스도를 위해 그 공동체도 미워하지 않으면 안 된다. 모든 직접성은 고의로든 아니든, 중보자 그리스도께 증오를 품기 때문이다. 자신이 기독교적인 것으로 이해되기를 바라는 곳에서조차 직접성은 그리스도를 증오한다.

—같은 글, 127~8.

진정한 관계나 공동체를 꿈꾸는 모든 사람들은 여기서 지적하는 '직접성'에 몰입하는 경우가 많습니다. 사람과 사람이, 신과 인간이, 개인과 집단이 직접적으로 어떤 매개 없이 만날 수 있는 가능성은 모든 관계성의 궁극의 차원일 겁니다. 그러나 본회퍼는 '그런 직접적 관계는 없다'고 선언합니다. '오직 예수 그리스도를 중보자로 두지 않고서는 어떤 관계성도 원천적으로 불가능하다'고 그는 주장합니다.

이 놀라운 통찰의 의미는 여러 가지로 곱씹어보아야 합니다. 저는 모든 관계성이 그리스도를 매개로 하는 삼각형이어야 한다는 주장에 깃든 신학적 함의가 매우 중대하다고 인정합니다. 본회퍼란 천재 신학자는 세상 속의 모든 공동체적 관계를 꿰뚫는 통찰을 전해주었습니다. 저는 이 빛 아래 공동체, 함께 사는 삶을 재조명해볼 것을 제안합니다. 그것은 신앙 공동체일 수도 있고, 정치-경제적 공동체일 수도 있고, 서로 사랑하거나 적대하는 사람들 사이의 공동체일 수도 있습니다. 저는 공동체의 경험이란 우리가 연출하거나 조작할 수 없는 어떤 것이라고 점점 더 강하게 믿게 되었습니다. 코뮤니타스communitas는 은혜에 속한 것입니다. 위로부터 순간적으로 임하는 것, 우리가 조직하거나 반복할 수 없는 것입니다. 그러므로 우리가 공동체를 추구하려면 법칙과 당위가 아니라 은혜와 관용이 필요합니다. 역설적으로 세속적인 공동체에도 이 깨우침이 필요합니다. 내재적 원리로 다 해명되지 않는 차원이 사회에 존재한다는 것을 인정할 필요가 있다는 것이지요. 그러나 이를 사회에 강제할 수는 없으니, 그리스도인들이 이 원리를 세속의 언어와 내재적 평면 위에서 풀어낼 책임을 져야 합니다. '세속성자'는 그 작업을 수행하는 사람들입니다. 그 질문을 깨우쳤고, 자신의 역량 안에서 그 역할을 감당하려는 사람들, 저는 그들이 '세속성자'라고 봅니다.

미국의 신학자 스탠리 하우어워스$^{Stanley\ Hauerwas}$는 '교회는 대안적 폴리스^{polis}'라고 말했습니다. 과연 교회가 세상질서의 대안체제인가요? 상징적 의미에서가 아니라, 현실적으로 그럴 수 있을까요? 이단이나 사이비 종교에선 자신들의 집단이 지상에 존재하는 유일하게 참된 선민 공동체란 의식을 부추기는 경우가 많습니다. 그런 것을 보면, 자기 존재에 대한 인식이 나이브할수록 이런 과감한 주장을 부끄러움도 없이 하는 듯 보입니다. 멀쩡한 기독교 교회라면 오히려 자신들이 지상에 존재하는 이상향이 아니라는 현실적 인식을 가져야 마땅하고, 세상 속에서 특권적 위상을 갖고 잘못을 저지르지는 않는지 살펴볼 일입니다. 그러나 하우어워스의 저 주장은 한편으로는 오늘날 정치, 경제, 사회, 문화 아래에 '종교'란 하위범주를 할당받아 별 일 없이 존속하는 교회의 현실에 대한 존재론적 항의입니다. 사회 전체를 향한 대안이 전혀 되지 못하고서, 장식적 기능이나 하고, 자기만족적이자 자기기만적 방식으로 생존하며, 본질적으로는 잉여적인 존재로 전락하는 교회를 향해 '존재의 이유'를 증명하라는 촉구입니다.

사회적으로 안정된 제도종교는 대체로 사회와 상호보완적 공존을 모색합니다. 종교의 자유가 보장된 국가에서는 제도종교가 국가권력을 갖기 위해 직접적인 행동에 나서기보다는 종교로서 사회심리적 통합 기능을 제공하고, 사회조직으로서는 구제나 봉사 등의 활동을 합니다. 가끔 반사회적 성향이 강한 소수파는 그런 절충적 방식을 택하지 않고, 국가를 경쟁이나 적대의 대상으로 여기는 경우가 있습니다. 규모가 크고 내부 결속력이 높은 종교집단은 선거시기에 표를 매개로 기성체제의 지지그룹으로 참여하기도 합니다. 미국의 양대 정당에는 보수와 진보의 종교인들이 상당히 깊이 관여하고 있습니다. 짐 월리스는 미국에서 정치와 종교가 관계맺는 데 있어서 보수는 종교를 왜곡해서 문제이고, 진보는 종교에 무지해서 문제라는 진단을 한 바 있습니다. 양쪽 다 적절한 관계성 설정을 못하고 있다는 점에서는 총체적 문제라고 볼 수밖에 없는 현실이지요. 이 문제는 교회 쪽의 논의 맥락도 살피고, 정치의 영역도 별개로 살피는 작업이 필요합니다.

일차적으로 서양역사에서 교회와 국가/사회는 서로 영향을 주고받았습니다. 교회론 논의는 주로 성경이나 교회사를 주내용으로 삼아 이루어지고 있습니다. 그러나 그 이면을 살펴보면 언제나 당대의 가장 강력한 사회적 제도나 체제를 참고하면서 논의구조가 형성되어왔습니다.

교회론이 가장 깊이 참조한 사회제도는 국가입니다. 구약에서는 이집트 제국에 대항하여 탈출한 히브리 노예들로 구성된 사회적 공동체를 제국과 대비시키고 있습니다. 이들은 12지파 간에 수평적 연대를 이룬 연합체제를 하나님 백성의 바람직한 존재방식으로 내보였습니다. 이들이 나중에 주변국가를 부러워하며 내세운 '왕을 세우자'는 요구는 하나님에게 좋은 평을 얻지 못했습니다. 결국 다시 바벨론 제국에 의해 국가가 완전히 해체되어 출애굽 시대와 같은 포로기를 거칩니다. 신약에서는 포로귀환은 했지만, 다시 로마제국의 식민지 상태를 경험합니다. 그 아래서 등장한 신약 에클레시아는 변화무쌍한 모습으로 로마제국 전역으로 퍼져나갑니다. 이후 콘스탄티누스 황제의 국교화를 거쳐 교회는 다시 제국의 체제에 맞추어 로마에 교황을 두고 서방세계 전체를 통괄하는 방식으로 존재합니다. 개신교 종교개혁은 로마제국 붕괴 이후 새롭게 대두되는 민족국가와 어울리는 교회체제의 등장과 궤를 같이 합니다. 이런 과정에서 지상 교회는 국가와 서로 변화를 자극하고, 이에 상응하는 이론적 논리를 상호제공하는 패턴을 보여줍니다. 근대 이후에는 정교분리의 원칙을 따라 교회와 국가는 불가근불가원不可近不可遠의 긴장관계로 정리되었습니다만, 지역과 역사와 전통에 따라 이 관계는 다양하게 나타납니다. '정교분리'를 내걸더라도 오늘날의 미국과 중국이 교회를 대하는 문화와 정책은 전혀 같지 않습니다. 이 상호작용은 아직 끝난 것이 아닙니다.

한편, 교회론은 언제나 사회적 요구가 국가권력에 의해 제대로 수용되지 않을 때 새로운 사회를 상상하는 데에 끊임없는 원천의 역할을 했습니다. 지상권력 위에 존재하는 하늘의 권능에 의해 새로운 사회질서가 승인될 수 있는 가능성은 언제나 있었습니다. 이는 동서양이 다르지 않습니다. 국가의 권력은 하늘이 준다는 인식은 어느 사회에나 존재했습니다. 그러므로, 교회론은 단순히 지상교회의 조직원리를 말하는 것이 아니라, 하나님의 백성이 하늘의 뜻을 좇아 자기공동체를 구성하는 모든 노력과 관련이 됩니다. 그리고 이들이 사회적 모순과 고통을 해결해 나가는 하나님의 대리적 공동체를 자임한다면 그것은 언제나 혁명과 개혁을 위한 최상급의 자원이 될 가능성이 있었습니다.

중국의 공산혁명보다 훨씬 앞선 농민혁명이었던 '태평천국의 난'은 기독교 신앙을 접하면서 크게 감명받은 홍수전洪秀全이 일으킨 것으로, '우리는 모두 한 밥상에서 밥을 먹는다'는 평등

사상을 구호로 삼았습니다. 이들은 중국대륙을 거의 휩쓸 정도의 영향력을 떨친 바 있습니다. '교회는 대안적 폴리스'라는 스탠리 하우어워스의 언급은 국가체제의 일부로 순치된 나머지 그 체제를 넘어서는 전망과 존재방식을 깡그리 망각해버린 서구 교회, 특히 미국 교회를 향한 적나라한 공격입니다. 교회는 하나님 나라의 가치에 부합하는 존재방식을 끊임없이 추구하면서 지상의 체제와 사회에 대한 강력한 대조사회가 되어야 한다는 주장이지요. 그의 비판을 수긍한다면, 교회론 역시 사회에 대한 총체적 대안으로 구성되어야 합니다. 역사적으로 진지한 교회론적 작업들은 인류가 추구해왔던 이상적 사회의 선구적이고 실험적 모델을 제안하는 가장 강력한 원천이었습니다. 교회는 단순히 세속사회의 한 구성요소가 아니라, 사회 그 자체의 이상에 대한 강력한 대안이어야 마땅하다는 것입니다.

교회론을 이런 차원에서 좀더 진지하게 탐구해 들어가면 결국 유토피아에 대한 관심과 만납니다. 잘 알려져 있듯, 유토피아란 토마스 모어가 그려낸 이상적 사회의 이름입니다. 이름 자체가 '그런 곳^{topos}은 없다^{ou}'는 의미의 모순형용입니다. 동서고금을 막론하고 이상향에 대한 논의에는 종교적 상징과 논리가 강한 추동력을 제공해왔습니다. 물론 근대 이후 서양에서는 삶의 모든 영역에서 초월과 종교의 영향력을 제거하는 계몽주의적 기획이 지배적이었고, 유토피아 담론도 탈종교적/비종교적 경향이 강화됩니다. 그런 극단의 한 사례가 맑스주의와 결합한 공산주의 실험이었을 겁니다. 공산주의 사상은 스스로 과학적이고 유물론적인 세계관을 자임하면서 자신에 앞선 사상과 실험들을 비판해왔습니다. 그들 가운데는 '공상적 사회주의자'라고 불린 프랑스의 생 시몽Saint-Simon, 샤를 푸리에Charles Fourier, 영국의 로버트 오언Robert Owen 등이 있습니다. 이들의 입장은 맑스주의자들에 의해 과학적이거나 유물론적 토대 위에서 사고되지 않은 불철저한 사회주의라고 난도질을 당했지요. 그런데 70년간의 사회주의 실험이 소비에트 연방의 몰락과 더불어 끝장난 이후에 이와는 다른 방식으로 사회적 이상을 구현해보려는 이들 중에 '공상적 사회주의자들'을 재평가해야 한다고 보는 이들이 적지 않습니다. 그런데 그 공상적 사회주의자들 중 많은 이들이 기독교적 이상을 사회적으로 실천하려던 이들이란 사실을 알고 꽤 놀랐습니다. 이들은 자신들이 보았던 봉건주의와 자본주의의 심각한 문제를 극복하고자 여러 모양으로 대안을 모색했습니다. 대체로 이들은 계급혁명보다는 공동체나 협동조합 등을 대안으로 보았기에 사회주의자들에게는 개량주의로 비판받았지만, 동서양의 협동조합운동에는 이들의 실험과 사상적 영향력이 절대적이었습니다. 이들에게는 자신들의 종교적 신념이 사회적 불평등과 불의를 극복하는 데에 매우 중요한 역할을 할 것이란 확신이 있었고, 이를 위해 필요한 사회적 존재방식을 새롭게 개발해냈습니다. 그것은 협동농장이나 공동체이기도 했고, 신용조합이기도 했습니다. 유럽 전역에 흩어져 있는 이런 기독교적이면서도 사회주의적인 묘한 실험의 흔적들은 우리의 시야에 새롭게 부각되고 평가될 필요가 있습니다. 우리에게는 『사선을 넘어』란 책으로 널리 알려진 일본의 복음전도자 가가와 도요히코^{賀川豊彦} 목사도 일본 사회에서는 노동운동의 대부이자, 신협과 생협운동의 선구자로 더 깊은 흔적을 남겼습니다. 지금까지 언급된 이들은 자신들의 사회적 이상을 전통적 교회의 틀에 담지 않고, 새로운 조직 원리 위에 세웠습니다.

이렇듯 이제는 신앙적 실천의 장이 교회냐, 사회냐 구분하는 것이 크게 의미가 없는 상황입니다. 물론 이렇게 되면, 교회론은 사회론이 되어버리고, 선교는 사회적 실천과 어디서 차별성을 갖는지 규정하기 어렵습니다. 앞서 살펴본 '하나님의 선교' 개념이 등장하는 이유입니다. 모든 것을 다 감당하겠다고 자임하는 것은 이론적으로나 현실적으로나 바람직하지 않을 수 있습니다. 그러나, 세속성자 논의에서 교회론을 다시 고민하는 지점은 '교회의 존재의미를 사회 내의 하위범주로 기능하는 기구로 축소시켜선 안 된다'는 대목입니다. 우리의 교회론은 좀더 유연하고, 포괄적이고, 새로운 상상력에 부합해야 할 것입니다. 교회가 폴리스라면, 성도가 시민^{citizen}인 세상을 상상할 수 있어야 하지 않을까요?

고체-액체-기체 교회

우리에게 좀더 익숙한 이야기로 이 내용을 풀어봅시다. 저는 종종 교회에서 분쟁을 겪다 떨어져나와 예배 드리는 분들에게 설교 부탁을 받는 경우가 있습니다. 한국 교회 현실도 객관적으로 듣고, 대안적 신앙의 면모도 궁금해서 그런 요청을 하는 모양입니다. 어느 주일에도 그렇게 가서 설교를 했습니다. 중장년 성도들 30여명 정도가 피아노 교습학원에서 임시로 모이고 있었습니다. 예배를 마치고 식사를 하던 중에 한 권사님이 매우 애틋한 심정으로 "나중에 진짜 교회를 할 때 다시 와서 설교해주세요"라고 했습니다. 설교자를 이런 공간에 모시게 되어 정말 미안하다는 것이었지요. 제게는 그날 예배가 아무런 하자나 결함이 없었지만, 어떤 분들에게는 그렇게 예배드리는 것은 '진짜' 혹은 '제대로 된' 예배가 아니었나봅니다. 장의자도 없고, 강대상도 없고, 성가대도 없고, 파이프오르간도 없고, 눈에 보이고 손에 잡히는 교회의 요소를 하나도 갖추지 못한 이 상태는 '아직' 교회가 아닌 것이지요. 이런 인식이 의외로 강력합니다. 저는 이를 '고체 교회'solid church라고 부릅니다. 본인들은 그렇지 않다 할지 모르나, 이분들에겐 교회에 대한 강력한 물리적 상징체계가 있고, 경험적으로 다져진 '교회됨'에 대한 물질적인 관점이 존재합니다. 그런 고체적 실체를 갖추지 못하면 '아직' 교회가 아니거나, '진짜' 교회가 아닌 것입니다. 한국 교회의 대부분 신자들은 고체적 교회론을 신봉합니다. 아니라고 생각하시나요? 당장 교회 내의 어떤 기물의 배치를 바꾸거나, 무엇을 빼거나 더하는 것만으로도 굉장한 반발과 논란을 불러일으킬 수 있습니다. 고체 교회론의 광범위한 존재감을 결코 무시해서는 안 됩니다.

반면 어떤 이들은 교회의 물질적 표현 형태는 가변적이란 점을 머리로 인정하고, 몸으로 탐색해보곤 합니다. 교회의 본질은 '성도들의 모임'congregation of saints에 있지 결코 뾰족탑과 십자가와 강대상과 장의자에 있지 않다는 것입니다. 이것은 상당히 유연한 교회론입니다. 저는 이를 '액체 교회'liquid church라고 부릅니다. 내용물만 유지될 수 있다면, 그것을 담는 용기는 얼마든지 달라질 수 있고, 달라져도 무방하다는 입장입니다. 미국에서는 한때 파도타기 시기가 되어 서핑하는 사람들이 몰려들면 그들을 교회로 오라고 할 것이 아니라, 교회가 그들에게 갈 수 있는 것 아니냐며 그것이 곧 '해변 교회'beach church라고 말하는 이들이 있었습니다. 같은 논리로 산에서 모이면 '산정 교회'mountain top church일 수 있는 것이고요. 바이크 타는 사람들이 모여서 '노변 교회' Roadside church를 만들거나 '길 위의 교회'church on the way를 시작하는 것도 무방하겠지요. '성도들의 모임'이란 본질만 유지되면 굳이 고체적 표현양식에 구애될 필요가 없다는 입장입니다. 이것은 구성원들의 정체성과 관계망을 교회됨의 본질로 보는 경우입니다. 기성 교회 내에서도 다양한 교회적 실험이 이런 구상 위에서 가능하리라 생각합니다. 세대(청년 교회)나 하위문화 단위로 신앙적 표현을 달리하는 경우를 적극 인정하고, 그들의 교회를 시도하도록 하는 맥락에서는 전혀 어려움이 없습니다. 이런 입장은 아마도 교회론의 강조점과 신학적 구성원리에서 고체 교회와는 적지 않게 달라지는 지점에 있을 것입니다.

저는 이런 맥락에서 '기체 교회'vapor church는 불가능한지를 묻곤 합니다. 기체는 눈에 보이지 않고, 손에 잡히지 않지만 그것이 거기에 존재한다는 것을 부인할 수는 없습니다. 교회가 그런 식으로 존재할 수는 없을까요? 이 문제를 생각하게 된 직접적 계기는 북유럽의 교회와 사회를 보면서였습니다. 한국 사회에서 복지나 교육을 논하다보면 필연적으로 북유럽 국가들을 사례로 들게 됩니다. 그간 핀란드, 덴마크 등이 유력한 벤치마킹 대상으로 부각되었고, 수많은 이들이 이 나라의 시스템을 참고하러 탐방을 다녀오기도 합니다. 그런데 다녀온 그리스도인들의 반응은 두 갈래로 확연히 갈라집니다. 하나는 이 나라들이야말로 우리가 상상할 수 있는 최대치의 이상향이란 주장입니다. 복지와 교육, 삶의 만족도에서 인류가 가볼 수 있는 가장 최고의 수준에 도달한 사회라는 것이지요. 물론 이들 나라도 사회문제가 없는 낙원은 아니지만, 우리 사회와 비교할 때 압도적으로 배울 것이 많은 나라라는 의견입니다. 반면에 전혀 반대 입장을 피력하는 이들이 있습니다. 복지나 교육 등에서 선진국인 것은 확실하지만, 이 사회는 기독교적 기반이 온통 세속주의에 의해 해체된 탈기독교 사회란 점을 간과해서는 안 된다는 지적입니다. 즉 인본주의의 극단적 사례로 '교회당은 텅텅 비고, 윤리나 종교적 가치는 경시되는 포스트모던 사회'가 되었으니 '한국 교회가 이렇게 세속주의에 물든 서구 복지국가를 향해 역선교를 시행해야 하는 것 아니냐'는 반론을 폅니다. 북유럽 복지국가들의 평가가 기독교인 내부의 입장에서도 여전히 정돈되지 않는 현실을 저는 여러 층위의 토론 모임에서 확인했습니다.

저는 이런 평가에서 늘 빠져 있는 한 가지 대목이 걸립니다. 대부분의 북유럽 국가들은 사실 종교개혁의 직접적 결과물인 루터교가 국교이거나 지배적 종교인 나라들입니다. 그리고 실제로 이들 국가의 근대적 토대를 다지는 데 루터파 신자인 정치가들이나 목회자들의 구체적 역할이 심대했던 사회입니다. 이들 국가의 사회적 토대에 기독교적 가치와 영향력이 강하다는 사실은 부인할 수 없습니다. 다만, 우리가 익숙하게 아는 고체 교회의 교회론으로는 그런 영향력을 포착할 수 없을 뿐입니다. 교회당이 텅텅 비는데, 기독교가 살아있다고 말할 수 없는 탓이지요. 그러나 저는 우리가 '눈에 보이지도 않고, 손에 잡히지도 않지만 거기에 존재한다는 사실을 부인할 수 없는' 교회 혹은 신앙의 존재방식이 거기에 있는 것은 아닌지 되묻고 싶습니다.

비슷한 딜레마가 일본 기독교를 놓고도 반복됩니다. 잘 알려져 있듯, 일본은 '선교사의 무덤'으로 악명 높은 선교 불모지입니다. 개신교 0.4%, 가톨릭 0.4%로 그리스도인이 인구의 1%가 되지 않는 나라지요. 그런데 그런 일본에서 만만치 않은 신학적 내공을 가진 학자들과 저술이 꾸준히 나오고 있습니다. 더욱 놀라운 것은 그리스도인이 아닌 일반 일본인들의 기독교 이해 수준이나 기독교의 사회적 위상이 결코 낮지 않다는 것입니다. 그런 이유 중 하나로 저는 일본 사회에서 무교회주의無敎會主義의 영향력을 꼽고 싶습니다.

우치무라 간조로 대표되는 일본 무교회주의자는 그 수가 그리 많지 않지만, 19세기말에서 20세기초 일본이 근대화를 이루어가는 시기에 매우 강력한 사상적 영향력을 드리웠습니다. 1920년대 우치무라가 도쿄에서 성서모임을 열면 매회 500여명이 참석할 정도로 성황을 이루었는데, 그중에는 청년들과 당대의 쟁쟁한 지식인들이 많았습니다. 동경에 유학을 와 있던 김교신, 함석헌 같은 이들도 포함되어 있었고, 전후 일본사회에서 교육을 책임지는 문부성 대신, 동경대 총장 등 여러 명이 이들 가운데서 배출되었습니다. 이들은 일제시대에는 드물게 제국주의 전쟁 반대, 천황제 반대 등의 문제의식을 갖고 있었고, 당대 제국주의자들이 추구하던 호전적 근대화와는 차별화된 입장을 견지했습니다. 전후 일본에서 제국주의 노선에 동조하지 않았던 지식인들의 상당수는 직간접으로 무교회운동의 영향을 받은 이들이었습니다. 일본의 지식사회에서 기독교 신앙의 위상은 제도 교회의 교세로 형성된 것이 아니라, 당대의 사회정치적 문제를 놓고 사상적 대응을 했던 무교회주의자들의 몫이 컸던 것이지요. 이런 존재방식은 기존의 교회론으로는 포착될 수도 없고, 설명도 불가능합니다. 일본 사회는 교세의 차원에서는 여전히 신앙적 불모지임에 틀림없으나, 거기에도 보이지 않고 잡히지 않지만 존재하는 어떤 기독교의 존재방식을 읽어낼 수 있습니다.

저는 고체, 액체, 기체의 존재방식에 위계를 두는 것은 아닙니다. 각각의 유형이 갖는 장단점이 있습니다. 고체는 명료합니다. 그러나 완고하지요. 액체는 유연하지만 자의적이기 쉽습니다. 기체는 폭넓게 스며들지만, 그 흔적을 판명하기는 어렵습니다. 기체에서 세대를 넘어 신앙을 이어가는 지속성을 어떻게 확보할 수 있는지도 잘 알 수 없습니다. 반면에 고체는 비본질적인 것을 신앙의 실체로 강제할 가능성을 피하기 어렵습니다. 고체-액체-기체 교회는 교회의 존재방식을 더 다양하게 상상해볼 수 있는 하나의 유비입니다. 저는 역사적으로 교회가 존재하고 작동하는 양상이 훨씬 다양할 수 있다는 점을 인정하고, 세속성자들이 던지는 질문과 그에 대한 적절한 답을 찾아볼 필요가 있다고 생각합니다.

신약 공동체의 등장에서 가장 인상적인 장면은 예수께서 누가 내 어머니이며 내 동생들이냐고 하시고, 누구든지 하늘에 계신 내 아버지의 뜻대로 하는 자가 내 형제요 자매요 어머니라고 (마태복음 12:48~50) 말한 대목입니다. 기독교 공동체는 가족의 의미를 전적으로 재규정한 곳입니다. 신약 공동체는 율법에 의해 정죄된 자, 부정한 자, 부패한 자, 무식한 자 등등을 다 새로운 가족의 범주로 받아들였습니다. 이것은 우리가 그려볼 수 있는 사회적 이상의 최대치입니다. "누구든지 그리스도 안에 있으면, 그는 새로운 피조물입니다. 옛 것은 지나갔습니다. 보십시오, 새 것이 되었습니다."(고린도후서 5:17) 어떤 사회가 이보다 더 획기적이고 급진적인 이상을 펼쳐 보였을까요? 우리는 적어도 신약 공동체의 이상이 협소한 가족주의나 민족주의, 계급주의를 넘어서는 확고한 지향을 지켜냈다는 사실을 부정할 수 없습니다. 사람들 사이에 존재하는 차이를 차별의 근거로 만드는 어떤 종류의 사상과 입장도 기독교 신앙을 들어 정당화할 수 없습니다. 우리는 이런 이상을 담아낼 세상 속의 실체를 추구할 필요가 있습니다.

예수는 우리가 하나님 나라의 가르침에 충실하려면 우리가 당연시하는 것을 기꺼이 벗어나는 선택을 시도해야 한다고 암시합니다. 민족, 종교, 언어, 계층 등을 따라 마땅히 그러하리라는 예상을 뒤엎는 선택이 가능한 존재가 그리스도의 제자들입니다. 신약의 예수 공동체는 기존의 배제와 혐오를 거스르는 공동체였습니다. 우리가 만약 예수의 공동체에 속하려면 유대교 공동체에 참여하는 것과는 다른 경로를 따라야 할 것입니다. 기독교 공동체는 자기를 만나고 타자를 만나는 영적 순례의 과정임이 분명한데, 지금 우리가 경험하는 한국 개신교는 이런 과제를 제대로 수행하고 있을까요? 교회가 내치는 사람들이 너무 많습니다. 문둥병자, 혈루증 환자, 세리, 창녀, 열심당원, 바리새인, 랍비 등이 다 포함되는 공동체의 비전은 대체 어디로 간 것일까요?

'공공선'은 사회를 유지하고 발전시켜나가기 위한 최저선의 합의 수준입니다. '시민교양'은 이를 가능하게 하는 최소한의 공유지식이자 감수성입니다. 기독교 신앙은 그 시대에 대한 대항적/대안적 비전의 독특한 공급처였습니다. 이는 성경 내에서도 증명됩니다. 기독교 신앙은 히브리 노예들에게 자유인들의 공동체를 찾아나가도록 이상을 공급했고, 이를 함께 경험하면서 각별한 그 사회의 이상을 개발하도록 했습니다. 종교개혁도 그런 역할을 했습니다. 역사적으로 기독교 신앙은 때로는 매우 급진적인 사상의 원천이기도 했고, 어떤 때에는 해묵은 과제를 해결하도록 촉구하는 최종주자가 되기도 했습니다. 한국 사회에서 개신교의 위상과 역할은 어떠한가요? 새롭게 한국 사회에 기여할 방안은 무엇인지 고민할 때가 되었습니다. 한국의 세속 성자들이 더욱 다듬고 심화시켜야 할 과제입니다.

후기

카르페 디엠
Carpe diem

1

헐리우드 영화에 가장 많이 나오는 대사가 "여기를 빠져나가자" Let's get out of here 입니다. 붕괴하는 건물, 일촉즉발의 위기상황, 한없이 사람을 질식시키는 기성체제 앞에서 영화의 주인공들은 저 대사를 외치며 탈출합니다. 우리가 책 한권 분량을 들여 진행한 이야기는 한국 사회와 한국 개신교의 '여기'와 밀접한 관련이 있습니다. 계속 머물러서는 안 될, 붕괴가 임박한, 신속하고도 단호한 대응이 필요한 어떤 상황이 벌어지고 있다고 인식하는 이들에게는 이 책이 던지는 질문이 전혀 낯설지 않을 것입니다.

저는 아마 두 부류의 사람들에게서 비판을 받을 것입니다. 하나는 지금 주어진 체제를 좀 개선하면 되지 않느냐고 생각하는 이들입니다. 여전히 이들은 절대 다수이고, 이를 위해 촘촘히 연결된 인맥과 위계는 강력합니다. 이를 떠받치는 구조는 오래 지속되어왔고, 단단해 보입니다. 이런 토대 위에서 생산되는 설교와 가르침, 책과 사역들의 규모는 어마어마합니다. 누구도 체제의 내구성이 그리 간단히 끝장날 것이라 여기지 않습니다. 물론 그것은 오랜 세월을 살아오며 터득한 경험적 진실일 수도 있고, 그것 외에는 상상 가능한 다른 대안이 없기 때문에 이 체제가 마냥 버텨주기를 바라는 희망 섞인 기대에 불과할 수도 있습니다. 저와 이분들과의 차이는 붕괴가 빨리 일어날 것이냐, 먼 미래에 일어날 것이냐는 '시한부 종말론'의 스케줄 문제가 아닙니다.

이 체제는 자기 존재의 근거와 정당성에 대해 '왜'^{why}라고 질문하지 않습니다. 그렇기 때문에 '단지 성실하게 하던 일을 하는 것' 외에는 사실 아무런 대비도 하지 않는 것이 결정적인 차이입니다. 여전히 책은 많이 나오고, 말과 글은 줄어들지 않습니다만, 저는 해묵은 이야기의 동어반복을 들을 뿐입니다. 교단 신학, 교회 전통, 성경, 교리, 선교, 문화 등등은 다 좋은 것이지만, 왜 그것이 해방적으로 작동하지 않고 억압적으로 기능하는지 묻지 않는다면 그것은 문제해결에 전혀 도움을 주지 않습니다. 아니, 사람들의 위기감을 엉뚱한 방향으로 돌린다는 점에서 실질적으로는 위기를 방치할 뿐 아니라 조장하는 행위가 됩니다. 이 책이 이분들에게 단지 사안의 긴박성을 호소하는 것이 아니라, 사안의 위중함을 인식하고 본질적 질문에 직면하도록 자극하였다면 제 역할을 한 것이라 생각합니다.

둘째 부류는 개혁을 지향하지만 여전히 집단주의적 해결책을 선호하는 경우입니다. 변화를 지향하지 않는 것도 문제지만, 변화를 추구하는 방식도 문제입니다. 제가 제일 우려하는 것은 변화에 대한 전망이 충분히 깊고 넓게 형성되지 않고, 겨우 진영논리나 소영웅주의에 봉사하면서 머물고 마는 경우입니다. 즉 엄청난 대의명분을 내걸고 그를 위해 쟁투를 벌였지만 겨우 배타적이고 국지적인 성과물 하나에 자원을 다 소진하고 마는 경우를 말합니다. 물론 저는 모두가 체제 전부를 개혁하겠다는 거대한 선택을 해야만 하는 것은 아니고, 자신들의 집단에게만 적용되는 배타적 실천(수도원, 목적의식적 공동체운동 등)이 충분히 귀중한 실험인 것도 인정합니다. 제가 지적하고 싶은 것은, 개혁을 지향하면서 그것이 집단주의를 강화하지 않도록, 또한 소영웅주의로 이탈하지 않도록 끊임없이 각성하는 노력이 필요하다는 것입니다. 이 책은 일관되게 한 영웅적 지도자가 충성된 한 무리를 이끌어서 위대한 목표를 성취한다는 식의 이야기를 거부합니다. 저는 개인의 각성이 더 중요하고, 그 각성된 개인들이 더 큰 목표를 위해 서로 연결되면서 생성되는 백 가지 천 가지의 자유분방한 네트워크가 바람직하다고 생각합니다. 이 부분에 충분히 설득이 되지 않은 분들은 여전히 이 책이 다루는 내용은 모호하고, 대책은 손에 잡히지 않기 때문에 무책임하다는 인상을 받을 수 있습니다. 목회자, 사역자, 지도자란 자리 말고, 성도로서 개인의 자리에 서보는 인식론적 전환이 있지 않고서는 잘 이해가 안 될 수 있습니다. 다만 우리 주변에서 벌어지는 한국 개신교 내의 변화 양상을 잘 파악하려면 인식론적 자리 이동이 꼭 필요하다는 것만 기억해주시면 좋겠습니다.

2

'세속성자' 논의는 신앙의 개인성을 중요하게 여겨야 한다는 이야기를 반복적으로 강조합니다. 그것이 집단주의에 휩쓸리지 않고 공동체를 사유할 수 있는 유일한 기반이기 때문입니다. 역사는 언제나 이상적인 공동체로 나아가는 길을 집단주의적 선동과 광기가 좌절시키는 이야기의 반복이었습니다. 사람을 그 사람 자신으로 보아주는 것. 그것이 중요합니다. 이 글을 쓰는 시기 한국 사회는 난민문제를 놓고 사회적 토론중입니다. 이방인을 받아들이는 것은 아직 한국 사회에서는 낯선 일이며 지금 우리는 사회적 합의의 수준과 근거를 논의하는 과정에 있습니다. 실망스럽게도 이 과정에서 우리가 얼마나 난민들 개개인의 얼굴보다는 그들의 인종, 종교, 성별, 언어, 문화 등을 집단화하고 이를 아무렇지도 않게 악마화하는지 보았습니다. 어쩌면 당연한 일일 것입니다. 우리 스스로도 자신과 이웃을 개인으로 보지 않는데, 타자를 개인으로 여길 가능성이 하늘에서 떨어질 수는 없으니까요. 그리스도인들의 반응이 더 심했다는 것도 전혀 이상하지 않습니다. 우리는 신앙을 그렇게 배워본 적이 없으니까요. 난민을 향한 그리스도인들의 이런 부정적 모습은 '세속성자' 논의를 통해 도달하고자 하는 사회적 이상이 이 사회에 얼마나 부족한가를 웅변적으로 보여준다고 생각합니다.

이 책에서 강조하고 싶었던 '세속성자'의 또 하나의 주제는 '시간성'temporality입니다. 우리는 시간 속에 제한된 존재입니다. 이것은 그간의 전통적 이해를 따르자면 '영원 혹은 종말을 응시하는 태도'를 가지란 권면으로 이어집니다. 영원함에 연결되어 있으므로 현실에 의해 요동하지 않는다든지, 최후의 심판을 의식하며 현재를 삼가는 삶의 태도를 갖자는 등의 이야기도 떠올릴 수 있습니다. 그것이 틀렸다고 말할 필요는 없지만, 성경과 기독교 신앙의 전통은 그보다 더 다양하고 폭넓은 양상을 보여줍니다. 삶의 '한시성'temporary을 적극 받아안으면 '동시대성'contemporary이 됩니다. 그리스도인의 삶은 현실에 단지 관조적으로 반응하는 것이 아니라, 강렬하게 개입engage하고 형성forming함으로 드러날 수 있습니다. 인간 삶의 다면성과 전면적으로 교섭하는 것이 하나님 나라를 제대로 살아가는 모습일 수 있다는 말이지요. 우리가 배워온 신앙은 그동안 이런 자세를 옹호하고 자극했던가요? 이 책은 그런 질문을 집요하게 던집니다.

유명한 라틴어 경구 '카르페 디엠'^{carpe diem}은 보통 '때를 놓치지 마라'^{seize the day}로 번역됩니다. 이 문장은 한편으로는 '시간을 아끼라'는 의미도 되고, 다른 한편으로는 "노세 노세 젊어서 노세"를 소리높이 주창하며 '인생을 즐기라'는 뜻도 됩니다. 세속성자의 삶은 '카르페 디엠'의 중의성을 잘 포착할 때 가능할 것입니다. '절제'와 '향유'를 상호모순이라 나누지 않고, 한몸에 조화시켜보려는 시도입니다. 한 개인으로서, 자신이 아닌 어떤 집단이나 권위로 환원되지 않는 고유의 삶을 추구하며, 자신에게 주어진 한 시대(그리고 공간) 속에서 그 제한의 최대치까지 탐구해보는 삶, 운동장의 이 끝에서 저 끝까지를 다 뛰어다니며 자기 인생이란 경기에 최대치로 임하는 것. '세속성자' 이야기에서 이끌어내고 싶었던 것은 바로 그 대목이었습니다.

"철학자는 아무도 묻지 않는 것을 질문하고, 신학자는 아무도 궁금해하지 않는 질문에 대답을 한다"는 말은 여러 모양으로 곱씹을 우스갯소리입니다. 이 책이 어느 쪽으로 기울었는지는 독자의 판단에 맡깁니다. 다만 저는 저의 질문과 답을 세상에 소박하게 제출합니다. 우리 시대 세속성자 여러분들의 건투를 빕니다.

세속성자

초판 1쇄 발행 2018년 9월 10일
초판 2쇄 발행 2018년 11월 5일

지은이 양희송
펴낸이 안병률
펴낸곳 북인더갭
등록 제396-2010-000040호
주소 410-906 경기도 고양시 일산동구 고봉로 20-32, B동 617호
전화 031-901-8268
팩스 031-901-8280
홈페이지 www.bookinthegap.com
이메일 mokdong70@hanmail.net

ⓒ 양희송 2018
ISBN 979-11-85359-27-4 03230

이 도서의 국립중앙도서관 출판예정도서목록(CIP)은
서지정보유통지원시스템 홈페이지(http://seoji.nl.go.kr)와
국가자료공동목록시스템(http://www.nl.go.kr/kolisnet)에서 이용하실 수 있습니다.
(CIP제어번호: CIP2018027664)

* 이 책의 전부 또는 일부를 다시 사용하려면
  반드시 저작권자와 북인더갭 모두의 동의를 받아야 합니다.
* 책값은 표지 뒷면에 표시되어 있습니다.